精 准 扶 贫

——农业知识 100 问

主　编　陈　峰　蔡定军

武汉理工大学出版社

·武　汉·

图书在版编目(CIP)数据

精准扶贫:农业知识100问/陈峰,蔡定军主编. —武汉:武汉理工大学出版社,2019.9(2021.4重印)

ISBN 978-7-5629-6073-7

Ⅰ.①精… Ⅱ.①陈… ②蔡… Ⅲ.①农村—扶贫—中国—问题解答 Ⅳ.①F323.8-44

中国版本图书馆 CIP 数据核字(2019)第 219177 号

项目负责人:王利永 王 思 责任编辑:王 思
责任校对:王利永 排版设计:正风图文
出版发行:武汉理工大学出版社
地 址:武汉市洪山区珞狮路 122 号
邮 编:430070
网 址:http://www.wutp.com.cn
经 销 者:各地新华书店
印 刷 者:武汉市天星美润设计印务有限公司
开 本:850×1168 1/32
印 张:6.5
字 数:128 千字
版 次:2019 年 9 月第 1 版
印 次:2021 年 4 月第 2 次印刷
定 价:32.00 元

本社购书热线电话:027-87515778 87515848 87785758 87165708(传真)

《精准扶贫——农业知识 100 问》

编 委 会

主　　编：陈　峰　蔡定军

副 主 编：李德超　方　刚　林治刚

编写人员（按姓氏笔画排列）：

马晓龙　王俊良　方　刚　乐有章　宁　斌

刘　鑫　汤　谧　李秀丽　李德超　杨守坤

杨　凯　吴仁锋　张　敏　陈　洁　陈　峰

林治刚　周　琦　胡立峡　胡侦华　董红霞

詹　峰　蔡定军

前　言

　　本书以农业产业发展为要素,围绕贫困群众的需求,根据针对湖北部分地区贫困对象开展的问卷调查,以及农业专家开展"科技下乡"活动进行"三农"服务以来,针对农户关注度较高的农业问题进行系统收集后整理而成。通过解答贫困群众普遍关注的有关农业方面的问题,从而激发精准扶贫内生动力,加快先进适用技术成果在贫困地区的转化和应用,促进贫困地区传统农业加快向现代农业迈进,助力扶贫对象精准受益,如期实现脱贫攻坚目标,巩固脱贫成效。

　　本书第一章主要介绍了旱生蔬菜和水生蔬菜等蔬菜栽培技术方面的问题;第二章主要介绍了草莓、向日葵、西瓜、甜瓜、鲜食玉米、茶树、毛豆、油用牡丹、食用菌等作物栽培技术方面的问题;第三章主要介绍了观光采摘果园以及柑橘、猕猴桃等果树栽培技术方面的问题;第四章主要介绍了畜禽养殖关键技术方面的问题;第五章主要介绍了水产养殖关键技术方面的问题。本书主要从上述五个方面就涉及的农业问题进行详细解答,以

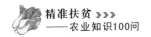

提高贫困群众的农业技术知识水平和实践应用能力,一方面有助于培育更多的新型职业农民,另一方面可为扶贫队伍提供借鉴和参考,助力乡村振兴战略的实施,为全面建成小康社会做出积极贡献。

农业科技不断创新发展,书中若有疏漏不妥之处,敬请专家和广大读者朋友批评指正。

编 者
2019 年 6 月

目　　录

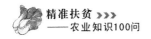

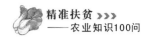

【第一章】
蔬菜栽培

① 番茄栽培管理的主要技术要素有哪些？

（一）土壤条件

番茄为深根性作物，根系比较发达，分布较广且深，其根系沿深度方向一般分布在30～50厘米表土层中，其中以30厘米耕层最多；沿水平方向主要分布在60～80厘米范围内。所以番茄耕层深度要求达到40厘米，可使用有机胶体使土壤具有团粒结构，以确保土壤中水、肥、气、热的供应。

番茄根系的再生能力较强，容易生成新根，最适于育苗移栽。番茄根系易生不定根，可扩大根系吸收面积，有助于增强其吸水和吸收养分的能力。由于番茄根系吸收能力强，故其对土壤条件要求不甚严格，除特别黏重、排水不良的低洼易涝地外，均可用于栽培番茄。但为获得高产、优质的番茄，以选用土层深厚、富含有机质、保水保肥和透气性良好的壤土为宜。沙壤土增施腐植酸形成土壤团粒结构后，也适于栽培番茄。番茄适于在pH值为6～7的微酸性和中性土壤中生长。若土壤

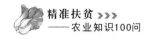

含碱、盐过多,则不利于番茄根系的生长发育。

（二）需肥特性

番茄是连续开花结果的蔬菜,生长期长,产量高。其整个生育期需从土壤中吸收大量养分,主要养分是氮、磷、钾三要素,其中,以钾最多,氮次之,磷较少。番茄具有耐肥的特性,因此需肥量大。

（三）施肥要点

番茄幼苗期需肥量虽小,但需全面供应16种养分,以促进根、茎、叶生长和花芽分化。由于氮、磷肥对花芽分化影响较大,特别是磷肥,其影响最大。因此,番茄幼苗期应以氮肥为主,并注意配施磷肥,可促进叶面扩展和花芽分化。而在第一穗果的盛花期,应逐渐增加氮、钾肥。番茄结果盛期,在充分供应氮、钾肥的基础上,必须增加磷肥。尤其是棚室栽培,更应注意磷、钾肥的供应,同时还应增施二氧化碳气肥。配合施用含钙、镁、硼、硫、铁等中量元素和微量元素的肥料,不仅能提高番茄产量,还会改善其品质,增加商品率。

2 防止番茄落花、落果的技术要点有哪些?

（一）番茄落花的原因

（1）花器构造存在缺陷。

（2）没有授粉或受精。没有授粉,或经过授粉但由于配子的不孕,导致花粉与卵细胞不亲和,以及不能正常进行双受精作用而无法受精。

（3）胚珠的退化。

（4）土壤缺乏水分。开花时土壤缺乏水分,容易引起离层的形成。

（5）低温。由于温度低,花粉管不能正常生长。在一天中若夜间温度过低,则花粉管的伸长速度很慢,因而不能受精引起落花。

（6）高温。夜间的高温会影响雄蕊的正常生理机能,也会影响花粉的发芽。花粉管伸长情况不良,花粉中的淀粉含量减少,最后便会引起子房的枯萎。

（7）光照不足。光照不足,植株的光合作用会减弱,雌蕊萎缩,导致花粉的发芽率降低。

（二）防止番茄落花、落果的技术要点

（1）要培育壮苗进行移植,增强植株抗逆性。

（2）调控植株生长期间环境的温度条件。

（3）叶面喷施适量花青素。

（4）花果期后,及时合理施肥,确保各种养分均衡供应,以叶面喷施为宜。

（5）如坐果后期植株根系开始衰老,应采取生根、护根的措施,配合叶面喷施磷酸二氢钾加尿素与糖,以延缓植株衰老。

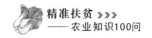

3 防止番茄秧苗徒长有哪些方法？

（1）选择土壤肥沃、排灌良好的田块种植番茄，增加土壤孔隙度，使土壤容易见干见湿。

（2）定植前要施足基肥。番茄苗定植后，缓苗前应做好温室的保温工作，白天温度控制在28～30 ℃（超过30 ℃时要放风），夜间温度控制在15～18 ℃，以促进缓苗。缓苗后要加强通风，适当降低室内温度，白天温度控制在25 ℃左右，夜间温度控制在15～16 ℃。炼苗期最低温度控制在12 ℃左右，可通过较低温度适当控苗。

（3）待植株心叶颜色由老绿转变为嫩绿，生长点开始生长时，一般要灌1次缓苗水。缓苗水要浇透，促进根系尽快生出，以缩短缓苗期。定植后10天左右，适当划锄，增加土壤透气性，引根下扎，提高根系的利用率。

（4）缓苗后到第一花穗坐果期间，一般要经历蹲苗阶段，以促进根系发育，控制植株徒长，调整营养生长和生殖生长使之平衡，以利于开花结果。生产上通常在第一花序果实达乒乓球大小，第二花序果实达葡萄大小，第三花序刚开花时结束蹲苗。在缓苗后至坐果前，千万不要施用氮肥，以防加重秧苗徒长；同时要适当减少浇水量和次数，严禁大水漫灌。

（5）施用药物控旺时，一定要注意控制好药剂浓度，避免控旺过度。可喷施叶绿素、多效唑等生长调节剂，保持植株营养生长和生殖生长的平衡。

4 保护地春早熟番茄栽培的关键是什么？

（1）选择合适的品种。应选用合作 903、红宝石等自封顶、早熟、较耐低温、耐弱光、抗病、丰产的番茄品种。

（2）合理密植。番茄保护地栽培行距 60 厘米、株距约 45 厘米，每亩（注：1 亩约为 666.67 平方米，余同）以栽 1800～2000 株为宜。

（3）控制好温度。白天棚温保持在 20～26 ℃；夜间棚温控制在 12～18 ℃。

（4）保证光照。番茄转色期的光照强度最好控制在 5 万勒克斯左右，超过 7 万勒克斯或不足 3 万勒克斯时均会影响番茄果实正常转色。

5 番茄裂果的原因是什么？应如何预防番茄裂果？

番茄裂果是一种不正常的生理现象，一般发生在果实着色（变红）以后。根据裂口发生的部位和形态，裂果可分为以下三种：

（1）放射状裂果：裂口以果蒂为中心呈放射状，一般裂口较深。

（2）环状裂果：裂口以果蒂为圆心呈环状，一般裂口较浅。

（3）条状裂果：在果顶部位出现不规则的条状裂口。

（一）产生裂果的原因

（1）苗期温度较低，子房发育不正常；

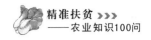

（2）生长调节剂使用不当；

（3）降雨（尤为阵雨）后，根系吸收过量的水分；

（4）有些品种果形较大，果皮较薄，适应外界环境的能力较差，容易产生裂果；

（5）果实表皮内的木栓组织直接吸收水分；

（6）强烈日光的照射；

（7）成熟过度。

（二）预防裂果的方法

（1）要选择抗裂品种，培育壮苗；

（2）在多雨地区要做到深沟高畦，以利于及时排水，干旱时要及时抗旱，防止土壤过干；

（3）正确使用生长调节剂；

（4）适时提前采收，以减少裂果数量。

6 越夏番茄如何管理？

（一）选择合适的耐热抗病毒品种

选择越夏番茄品种时，要求从坐果率高、抗病性强、裂果少、坚韧耐运输等方面考虑。首先耐热性要好，在温度为 30～35 ℃时能正常坐果，如百利、百特等品种。除具有耐热的性质外，还应具备抗病能力与抗裂能力。近几年，番茄 TY 病毒病爆发，尤其是越夏番茄，传毒昆虫众多，容易发病，因此病毒病疫区要注意选择抗病毒品种，如浙粉 702、改良瑞星 5 号等。

（二）选择合适的栽培方式

越夏番茄种植中存在着一个严重的误区，即大多采用平畦种植，定植之后为了防治杂草，还将畦面用黑色地膜覆盖，农事操作时就在畦内地膜上进行，导致地膜紧贴地面。农事操作和灌溉在同一行内进行，导致行内土壤严重板结，土壤与空气中的气体交换受阻，土壤中氧气含量低，根系活力下降，影响根系对水分和无机养分的吸收，从而导致植株长势弱，膨果速度慢。针对这种情况，可将平畦种植改为起垄种植。对于已采用平畦种植的，可结合培土分次使畦心变为垄背。一般分2～3次培土完成，防止1次培土过量影响根系生长，导致根系吸收能力降低。同时注意地膜覆盖方式，用铁丝等将地膜支起，增加土壤表面的空气流动，将操作行与灌溉行分开。

7 怎么预防番茄"棱角果"和"空洞果"，以及生长期易发生的卷叶现象？

番茄"空洞果"表现为果实的胎座组织发育不充分，果皮与胎座分离，种子腔成为空洞，果肉不饱满。通常外观上有棱角的果实，内部一般都是空心的，但"空洞果"外部不一定会产生棱角。产生棱角和空心的番茄，不仅质量差，而且也影响产量。

（一）产生"棱角果"和"空洞果"的原因

（1）受精不良，种子退化，胎座组织发育不充分；

（2）氮肥施用过多；

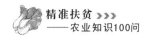

（3）生长调节剂的浓度过大；

（4）果实迅速膨大期温度过高或过低，光照不足；

（5）栽培管理后期肥水供应不足。

（二）预防番茄"棱角果"和"空洞果"的措施

（1）加强肥水管理，尤其注意采收后期的肥水供应；

（2）施用生长调节剂，随温度的变化合理调整其浓度，正确掌握施用时期；

（3）适时进行人工辅助授粉，促进受精与种子发育。

（三）卷叶现象发生的原因

（1）与品种特性有关，卷叶严重的品种一般叶片上茸毛较少；

（2）土壤过干，水分供给不足，以致发生叶片卷缩现象；

（3）2,4-二氯苯氧乙酸使用不当，引起叶片皱缩；

（4）发生病毒病后引起的卷叶。

（四）预防卷叶的方法

（1）干旱时要及时浇灌；

（2）使用2,4-二氯苯氧乙酸时，药液浓度不能过高，禁止喷在生长点和嫩叶上；

（3）要彻底防治和消灭蚜虫，防止病毒病的产生。

8 番茄的主要病害有哪些？如何防治？

一、番茄溃疡病

（一）病症

番茄溃疡病是由密执安棒形杆菌密执安亚种引起

的一种细菌性病害。番茄幼苗感染溃疡病后,叶缘由下向上逐渐萎蔫,有的在胚轴或叶柄处产生溃疡状凹陷条斑,致使病株矮化或枯死。番茄成株发病后,下部叶片凋萎下垂,叶片卷缩,似缺水状,有时植株一侧或部分小叶萎蔫;后期病茎上出现狭长的褐色条斑,上下扩展,病茎增粗,常产生大量气根,茎内中空或呈褐色。多雨或湿度大时,菌丝从病茎或叶柄中溢出或附在其上,形成白色污状物。幼果受害后皱缩、畸形、发育慢,青果上病斑呈圆形,外围呈白色,中心粗糙呈黑色,花萼表面生坏死斑,果面可见稍隆起的鸟眼状斑块。

（二）防治方法

（1）用 55 ℃热水浸种 25 分钟后,用新高脂膜粉剂拌种,有利于驱避地下病虫,且不会影响种子的萌发吸胀功能,有利于增强种子的呼吸强度,提高种子发芽率。播种后及时喷施新高脂膜 800 倍液保温保墒,防止土壤板结,提高出苗率。

（2）选用新苗床育苗,如用旧苗床,每平方米苗床需用 30 毫升 40％甲醛喷洒,盖膜 4～5 天后揭膜,晾 15 天后播种。

（3）与非茄科作物轮作 3 年以上。

（4）在番茄生长过程中及时中耕除草,平衡水肥,追肥时要控制氮肥的施用量,增施磷、钾肥。

（5）适时通风透光,有利于番茄生长,提高抗病性。

（6）避免雨水未干时整枝打杈,雨后及时排水,及

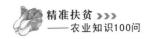
时清除病株并烧毁。轮流使用有机铜或者加瑞农、叶枯唑、噻唑锌等杀菌剂。

二、番茄脐腐病

（一）病症

脐腐病又称蒂腐病、顶腐病，是一种生理病害。脐腐病主要是因土壤中水分不足以及空气湿度过低引起的。此外，使用浓度过高的粪肥或浓度过高的生长刺激素，也会引发此病。也有人认为，番茄脐腐病是由于土壤中缺少钙而引起的生理障碍，特别是在氮肥过多而钙不足的情况下最易发生。

（二）防治方法

脐腐病在大田生产中发生，通常不是由单一因素造成的，往往是在几种因素互相影响下发生的。因此，在预防上要采取如下综合措施：

（1）深耕土壤并及时松土，以增强土壤保水力。

（2）增施有机肥料，避免使用浓度过高的粪肥。如追施化肥，每次用量也不宜过多。

（3）根据天气、土壤湿度和植株生长情况，及时适量地浇水。抗旱的时间宜早不宜晚，但浇水量不可过多，以免影响植株正常生长。

（4）除施足腐熟有机肥料作底肥外，还要增施磷、钾肥。坐果期间用1%过磷酸钙或1%氯化钙作根外追肥,每隔 10～15 天喷 1 次,连喷 2 次。

（5）施用生长刺激素时,浓度切忌过高。

三、番茄晚疫病

（一）病症

番茄晚疫病由疫霉菌侵染所致,发病迅速。发病严重时,常造成茎部腐烂、植株萎蔫、果实变褐色,影响番茄产量。

（二）防治方法

由于该病起病迅猛,发病后建议采取如下措施:

（1）立即使用 25 克抑快净兑水 15 公斤进行喷雾处理。

（2）第二天使用银法利、金雷。

（3）第三天使用瑞凡。

（4）第四天使用易保加上杀毒矾。

（5）第五天病健交界开始明显,使用有机铜就行了。同时补充钾、钙、硼、铜,控制氮、锌,加大通风,尽量控水。使用化控药剂时,注意用药必须连贯。

9 夏季大棚栽培茄子落花、落果的原因是什么？补救措施有哪些？

（一）落花、落果的原因

在大棚栽培过程中,因温度调控不当导致棚内温度过高,同时氮肥施用过多,在高温、高氮环境下极易干扰植株对硼元素的吸收,从而导致茄子落花、落果。

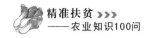

（二）补救措施

（1）加强通风，做好棚内小环境管控，改善棚内温度环境。

（2）叶面补充碳水化合物，以平衡植株体内的氮元素。同时进行化控处理，使用激素调整生殖生长与营养生长，使之达到平衡状态，以保花、保果。

10 茄子发生日灼的症状是什么？防治措施有哪些？栽培上如何"打叶"？

（一）症状

茄子发生日灼主要危害果实，其病症是果实向阳面出现褪色发白的病变，并逐渐扩大，呈白色或浅褐色，导致皮层变薄，组织坏死，干后呈革质状，以后容易引发腐生真菌侵染，出现黑色霉层。湿度大时，常引起细菌感染并腐烂。

日灼主要是由于茄子果实暴露在阳光下，导致果实局部过热引起的。早晨果实上出现大量露珠，阳光照射后，露珠聚光吸热，可致果皮细胞灼伤；炎热的中午，土壤中水分不足，或雨后骤晴都可能导致果面温度过高。植株栽植过稀或管理不当易发生日灼。

（二）防治措施

（1）选耐热品种，如紫龙三号、七叶茄等。

（2）在茄子生长后期要适时灌溉，以补充土壤中水分，使植株水分循环处于正常状态，防止株体温度升高而发生日灼。

（3）合理密植，采用南北垄，使茎叶相互掩蔽，避免果实受阳光直接照射。若育苗畦或大拱棚内温度过高，则要及时放风降温。

（三）"打叶"

茄子的果实重量与叶片面积关系密切。叶片面积大，有利于果实的膨大。在一定范围内，植株的叶片面积指数越大，单位面积产量也越高。但是，如果叶片面积太大（每平方米土壤叶片面积达 4～5 平方米），则不仅叶子之间相互遮光程度大，引起落花、落果，导致产量下降，而且易滋生病虫害，致使果实颜色变浅、光泽减退，田间操作不便。另外，衰老的叶片光合作用效率下降，同化作用减弱，不能起到应有的作用，应及时摘除。所以，在茄子栽培过程中，应经常打叶。

打叶主要配合整枝进行：

（1）门茄果实长至 10～14 厘米时，可以打掉门茄以下的老叶和病叶。

（2）植株营养过剩而坐不住果时，可适当打掉部分功能叶（叶龄为 15～30 天的叶子）。

（3）适当打掉植株中上部小叶，以减少养分消耗，促进果实膨大，有利于果实着色。

（4）夏秋茬茄子适当进行打叶，还可以减少水分的蒸发。

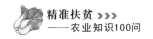

（5）果实采收至哪一部位，叶子就可以打到哪一部位，以利于通风透光，减少病虫害的发生。

11 大棚茄子秋延后栽培关键技术有哪些？

利用大棚栽培秋延后茄子，可以满足"秋淡"时的需求。由于秋延后茄子的苗期正值盛夏高温季节，盛果期又处于气温逐渐下降的季节，因此管理上有较高的要求。大棚茄子秋延后栽培关键技术有：

（一）选择合适的品种

秋延后茄子生长前期炎热，后期寒冷，所以要选择抗病力强、高产稳产、既耐高温又比较耐低温、易贮运的中熟品种，如春晓、紫龙三号等。

（二）适时播种，培育壮苗

6月中下旬至7月上旬均可播种，每亩用种量15～20克。育苗时要用好遮阳网，并坚持"白天盖，傍晚揭；强光和晴天时盖，弱光和阴天时揭；大雨时盖，小雨时揭"，注意防治蚜虫、茶黄螨和潜叶蝇。壮苗标准为叶片肥厚、色浓，有5～6片真叶，茎粗0.4～0.6厘米，主茎高5～7厘米。

（三）施足底肥，适时定植

每亩施腐熟农家肥5000公斤、磷肥50公斤，或者饼肥150公斤、复合肥50公斤、过磷酸钙30公斤，作底肥。在6米或8米宽的大棚内按1.2米或1.33米开厢,建成高畦。选晴天傍晚定植,浇足定根水,翌日清晨再补一遍定根水。行距 60 厘米,株距 40～60 厘米,一般每亩栽 1800～2200 株。缓苗后铺上地膜。

(四)田间管理

(1)巧追肥,及时排灌。缓苗后,用 10% 的腐熟人粪尿追施提苗肥 1～2 次。开花结果期,可采收一次追一次肥。开始 1～2 次以复合肥为主,每次每亩施 15～20 公斤;后 1～2 次以尿素为主,每次每亩施 10～15 公斤。9 月中下旬后,以追施腐熟粪肥为主,10～15 天一次。茄子的需水量较大,故要保持土壤湿润(相对湿度 80%)。整个生育期内,高温少雨时应及时灌水,雨水多时要及时清沟排水。

(2)及时防虫,适当整枝打叶。开花结果期主要虫害为茶黄螨、蓟马和潜叶蝇及二十八星瓢虫等,可使用阿巴丁、7051 杀虫素、乐斯本、除尽等农药及时进行防治。

虽然茄子的分枝习性很有规则,但也需要适当地整枝打叶,主要是除去门茄以下的分枝、老叶和病叶以及中部的部分小叶片。11 月下旬时打顶(留 3～5 片叶)。

(3)及时设立支架,适时盖棚膜。秋延后茄子植株生长旺盛,大风暴雨季节易倒伏,可在封行时在畦两边设立木桩,拉上铁丝或尼龙绳以扶住植株。

9 月下旬至 10 月上旬,当气温降至 20 ℃以下时,盖上棚膜,两头留通风换气口。10 月下旬或 11 月上旬将棚头封闭。有条件的情况下,可在棚内再加一层小拱

15

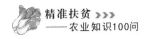
棚膜,效果更佳。

（五）及时采收

果实达到商品果标准时要及时采收上市,一般每亩可产茄子 3500 公斤以上。

12 茄子绵疫病的病因、症状与防治措施是什么？如何用野生茄子嫁接技术防治黄萎病？

一、茄子绵疫病

（一）病因、症状

茄子绵疫病是由鞭毛菌亚门寄生疫霉菌和辣椒疫霉菌侵染所致,菌丝呈白色,棉絮状。病原菌主要以卵孢子随病残体在地上越冬,萌发时产生孢子囊,借雨水反溅到植株上,主要危害果实、茎、叶片。染病后果实上会迅速出现褐色水浸状大斑,并产生稀疏的白色霉层,后期霉层呈灰黑色。一般高温高湿,雨后暴晴,植株密度过大,通风透光差,地势低洼,土壤黏重时易发病。

（二）防治措施

长江中下游地区推荐选用迎春系列、紫龙系列和鄂茄系列等优良抗病品种。在栽培上注意田间管理,保证设施栽培时的通风透光条件。缓苗后可用 70％的敌克松可湿性粉剂 500 倍液或 70％代森锌可湿性粉剂 500 倍液喷洒植株根部,7～10 天喷一次。每 7 天喷一次 1∶1∶200（硫酸铜∶石灰∶水）的波尔多液,防止病害发生。

发病后立即施药,药剂可选 75％百菌清可湿性粉剂 500～600 倍液、50％甲基托布津可湿性粉剂 800 倍液、40％乙膦铝可湿性粉剂 200 倍液等,交替用药,一般每 7～10 天喷 1 次,连喷 3～4 次;或选用 80％代森锰锌可湿性粉剂 400～600 倍液、40％乙膦铝可湿性粉剂 300 倍液、56％嘧菌酯·百菌清 600 倍液、38％噁霜嘧铜菌酯 800～1000 倍液、58％瑞毒霉锰锌可湿性粉剂 500～600 倍液、4％嘧啶核苷类抗菌素 500 倍液、14％络氨铜水剂 300 倍液、77％可杀得可湿性粉剂 500～600 倍液或 50％克菌丹可湿性粉剂 500 倍液等,每 7～10 天喷 1 次,连喷 2～3 次,可获得良好的防治效果。

二、茄子黄萎病的防治

茄子连茬栽培,致使土壤中病原菌逐渐积累,常引起茄子黄萎病等土传病害,导致茄子产量下降,严重的会导致茄子大面积减产或绝收。茄子黄萎病的病原菌具有一定的专化性,只能侵染大果型栽培茄子,对小果型野生茄子几乎不产生危害。因此,利用野生茄子作砧木,栽培茄子作接穗进行嫁接处理,可避免病原菌侵入接穗,以减轻或防止黄萎病的发生。

茄子的常用嫁接方法有插接法和贴接法两种。

（1）插接法

通常在砧木长出 2～3 片真叶,接穗长出 1～2 片真叶时进行嫁接处理。将砧木和接穗连根挖起,尽量多带些土,根系不要干燥。砧木留 1 片真叶,其余的切除,用

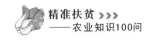

事先准备好的竹扦,扎一个稍倾斜的小孔,深度为 3 毫米,竹扦要比砧木的茎稍细。然后沿接穗子叶下部轻轻斜削去下部,形成 2.5 毫米长的楔状切口。把接穗切口朝下插入砧木小孔中,用嫁接夹子夹好或用塑料带缠好。注意,土不能同切口接触。

(2)贴接法

通常在砧木长出 6~8 片真叶,接穗长出 5~7 片真叶时进行嫁接处理。砧木保留 2 片真叶,用刀片在第 2 片真叶上方的节间斜削去掉顶端,形成 30°的斜面。再将接穗拔下,保留 2~3 片真叶,去掉下端,用刀片将其削成一个与砧木同样大小的斜面。将砧木和接穗的两个斜面贴合在一起,用嫁接夹子夹好或用塑料带缠好。

不论采用哪种嫁接方法,嫁接后嫁接苗都要摆到苗床中并扣上小拱棚,棚内空气湿度要达到 90% 以上,温度要保持在 27~30 ℃。24 小时以后嫁接苗生成愈伤组织,5~7 天可以成活。在缓苗期间温度不能低于20 ℃,初期要适当遮阴,以后要逐步见光。5~7 天后苗已经成活时,按照一般苗床进行管理即可。

注意:大田定植时,不能埋至嫁接伤口。

13 武汉地区如何才能提高秋辣椒的产量?

(一)精选品种

选择耐高温、抗病毒病的品种。

（二）适期播种

于 7 月中下旬播种，播种期过早或过晚均不利于秋辣椒生长。

（三）及时定植

于 8 月下旬至 9 月初选阴天或雨前定植。定植时在苗周围撒些腐熟肥土培根，然后浇足定根水。

（四）田间管理

（1）灌水施肥。苗成活后施催苗肥，定植后及时浇水。中后期遇干旱要引水入沟浸灌，切忌大水漫灌，灌后及时排水。开花坐果后，要勤施肥料。

（2）中耕除草。幼苗定植成活后，要中耕除草培土。

（3）保花、保果。植株现蕾后，可用辣椒灵保花、保果，每亩用药 6～8 克，每克兑水 6～8 公斤。

（4）防治病虫害。秋辣椒的病害主要是病毒病，虫害主要是蚜虫、烟青虫、茶黄螨等。

（5）扣棚。10 月 10 日以前覆膜扣棚。

14　辣椒的主要病害有哪些？如何防治？

一、辣椒疫霉根腐病

（一）病症

辣椒疫霉根腐病是由辣椒疫霉菌引起的一种毁灭性病害，近年来在我国部分地区大面积发生，造成了巨

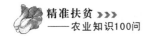

大的经济损失。辣椒疫霉菌能够在土壤中的病残体上长期存活,主要通过水流或土壤进行扩散传播。该病多为管理失误造成,发生迅猛,如定植后地温低,土壤湿度过高且持续时间长,或塑料棚室栽培遇连阴天未能及时放风,形成高温、高湿条件,尤其是大水漫灌后未能及时放风、排湿等,都会导致该病发生和流行。夏季伏雨季节,若雨水倒灌或者淋浇倒灌,则一定会发生疫霉根腐病。发病后再使用药剂加以补救收效甚微,所以疫霉根腐病的防治重点应放在早期预防上。

（二）防治措施

适量浇水,严防大水漫灌。夏季严防雨水倒灌,或者淋浇秧苗。使用排水良好的苗床或地块,高垄栽培。提倡施用复合菌或者酵素菌、抗茬灵,或者生物菌发酵的有机肥料等。改善土壤结构,避免土壤过分紧密。缩短灌水时间,使水分快速渗入土中。定植后做好棚内温（湿）度及地温管理,湿度升高时及时放风排湿,地温低时需及时松土 2～3 次,以提高地温,创造根系发育所需的条件。阴雨或者灾害性天气到来之前,可用杀毒矾进行预防。一旦发病,立刻轮流使用金雷、抑快净、霜脲氰、银法利等药物喷淋根茎部。

二、辣椒炭疽病

（一）病症

辣椒炭疽病是半知菌亚门、刺盘孢属真菌侵染所致,主要危害将近成熟的辣椒果实。炭疽病是辣椒的常发病害,特别在高温季节,果实受灼伤后极易并发炭疽病,使果实完全失去商品价值。辣椒炭疽病主要危害果实和叶片,也可侵染茎部。果实染病,先出现湿润状褐色椭圆形或不规则形病斑,稍凹陷,斑面出现明显环纹状的橙红色小粒点,后转变为黑色小点,此为病菌的分生孢子盘。天气潮湿时溢出淡粉色的粒状黏稠物,此为病菌的分生孢子团。天气干燥时,病部干缩变薄呈纸状且易破裂。叶片染病多发生在老熟叶片上,产生近圆形的褐色病斑,亦会产生轮状排列的黑色小粒点,严重时可引致落叶。茎和果梗染病,会出现不规则短条形凹陷的褐色病斑,干燥时表皮易破裂。

（二）防治措施

（1）选择抗病品种。开发利用抗病资源,培育抗病高产的新品种。一般辣味强的品种较抗病,可因地制宜选用。

（2）选用无菌种子或进行种子处理。从无病果实中采收种子作为播种材料。如种子有带菌嫌疑,可用55℃热水浸种10分钟,进行种子处理。或用凉水预浸1～2小时,然后用55℃热水浸10分钟,再放入冷水中冷却后催芽播种。也可先将种子置于冷水中浸10～12小时,再置于1％硫酸铜溶液中浸5分钟,或50％多菌灵可湿性粉剂500倍液中浸1小时,捞出后用草木灰或少量石灰中和酸性,再进行播种。

（3）加强栽培管理。合理密植,使辣椒封行后行间

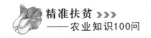

不郁蔽,果实不暴露;避免连作,发病严重地区应与瓜类和豆类蔬菜轮作2～3年;适当增施磷、钾肥,促使植株健壮生长,提高植株抗病力;低湿地种植,要做好开沟排水工作,防止田间积水,以降低发病率;辣椒炭疽病菌为弱寄生菌,成熟衰老的、受伤的果实易发病,故及时采果可避病。

(4)清洁田园。果实采收后,清除田间遗留的病果及病残体,集中烧毁或深埋,并进行一次深耕,将表层带菌土壤翻至深层,促使病菌死亡,可减少初侵染源,控制病害的流行。

(5)治疗措施。使用咪鲜胺、苯醚甲环唑喷雾治疗。

三、辣椒脐腐病

(一)病症

辣椒脐腐病是一种非侵染性的生理病害。发病时,果实顶部(脐部)呈水浸状,病部呈暗绿色或深灰色,随病情发展很快变为暗褐色,果肉失水,顶部凹陷,一般不腐烂,空气潮湿时病果常被某些真菌所腐生。

一种被普遍接受的观点认为,脐腐病发病的根本原因是缺钙。土壤盐基饱和度低,易酸化,尤其是沙性较强的土壤供钙不足,会引起脐腐病。在盐渍化土壤中,虽然土壤含钙量较大,但因土壤中可溶性盐类浓度高,会阻碍根系对钙的吸收,导致植株缺钙。施用铵态氮肥或钾肥过多时,也会阻碍植株对钙的吸收。在土壤干旱,空气干燥,连续高温时,易出现大量的脐腐果。

另一种观点认为,辣椒发病的主要原因是水分供应失调。干旱条件下供水不足或忽干忽湿,使辣椒根系吸水受阻,由于蒸腾量大,果实中原有的水分被叶片夺走,导致果实大量失水,果肉坏死,从而引发脐腐病。

(二)防治方法

(1)在沙性较强的土壤中,每茬都应多施腐熟鸡粪。如果土壤出现酸化现象,应施用一定量的石灰,避免一次性施用大量铵态氮肥和钾肥。

(2)土壤湿度不能剧烈变化,否则容易引起脐腐病和裂果。在多雨年份,平时要适当多浇水,以防下雨时土壤水分突然升高;雨后应及时排水,防止田间长时间积水。

(3)进入结果期后,每 7 天喷 1 次 0.1%～0.3%的氯化钙或硝酸钙水溶液,连续 2～3 次,也可连续喷施绿芬威 3 号等钙肥,可有效避免脐腐病的发生。

15 黄瓜的栽培技术要素有哪些?

(一)环境条件

黄瓜根系吸收能力不强,对生长条件要求较严。黄瓜喜温但又需要一定的昼夜温差,白天温度保持在 25～30 ℃,夜间温度保持在 13～15 ℃比较理想。生育

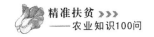

期间,以 10～30 ℃为健壮植株生育温度。黄瓜从播种到果实采收期间,需积温800～1000 ℃。当温度升至35 ℃左右时,植株的同化量与呼吸消耗就处于平衡状态,35 ℃以上会导致植株生育不良,超过 40 ℃就会引起落花、落瓜。根系生长最适地温为 25 ℃,地温降至 12 ℃时根系生理活动受阻,易导致下部叶片变黄,降到 8 ℃时根系不能伸展,根毛生长最低温度为 12℃。生育期间黄瓜适宜的光照强度为4 万～5 万勒克斯,光饱和点是 5.5 万勒克斯,补偿点是1500～2000 勒克斯。生育期间黄瓜对土壤的适应性较强,pH 值在 5.5～7.6 之间均能适应,以 pH 值为 6.5 的土壤最为适宜。

(二)播期

早春大棚内种植,可在 1 月份播种,采用营养钵或塑料软盘肥土育苗;春季地膜覆盖栽培,在 2 月中下旬播种;夏季种植,在 5 月至 7 月上旬播种;秋季在 7 月下旬至 8 月上旬播种,秋延后大棚内种植,可在 8 月下旬前播种育苗。

(三)整地起垄

黄瓜生长需要土层深厚、土质肥沃、保水保肥力强、排水良好的土壤。采用拖拉机深耕 25～30 厘米,按120 厘米宽开畦挖沟起垄,地块长度超过 40 米时要开腰沟,四边开围沟,畦面略呈弓背形。

(四)施基肥

黄瓜产量高,需肥量较大,每生产 1000 公斤黄瓜,需吸收氮 2.8 公斤、磷 0.9 公斤、钾 3.9 公斤。若计划每亩生产黄瓜 3000 公斤,则需基施农家肥 3000 公斤,或生物有机肥 800 公斤、三元复合肥 50 公斤。

（五）定植

每畦栽植 2 行,采用宽窄行定植,宽行距 80 厘米,窄行距 40 厘米,株距 30 厘米左右,每亩栽植 3200 株左右。春季种植,可在 2 片真叶期移栽,喷施除草剂后再间隔 2～3 天覆盖地膜。覆盖一次农膜可种植三季蔬菜,用后还可回收再利用。

（六）田间管理

（1）整枝上架。当瓜蔓生出卷须时开始插架绑蔓,每隔 4～6 节绑一次。为减少养分消耗,可打掉过多的雄花、卷须、侧蔓及藤下部的黄叶。晚熟品种适时摘心,可促进早熟丰产。

（2）追施肥水。黄瓜根系吸收水肥能力弱,对高浓度肥料反应敏感,宜采用分期、勤施的原则施肥。开花期每亩结合浇水追施尿素 5 公斤,以后每采两批果实追施一次肥料,后期根外喷施 0.2% 的磷酸二氢钾溶液 2～3 次。

（3）喷调节剂。在瓜苗长出 2～4 片真叶时,对 70% 的植株喷施 0.02% 的乙烯利,促进雌花分化,保留 30% 的植株开雄花,以利于授粉,提高坐果率。

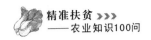

16 黄瓜白粉病和霜霉病的症状、病因是什么？防治措施有哪些？

一、黄瓜白粉病

（一）症状

黄瓜白粉病在全国各地均有发生，以叶片受害最为严重，其次是叶柄和茎。发病初期，叶片正面或背面产生白色近圆形的小病斑，随后逐渐扩大成边缘不明显的大片白粉区，布满叶面。抹去白粉，可见叶面褪绿，枯黄变脆。发病严重时，叶面布满白粉，随后逐渐变成灰白色，直至整个叶片枯死。白粉病侵染叶柄和嫩茎后，症状与叶片上相似，唯病斑较小，粉状物也较少。在叶片上开始产生黄色小点，后扩大发展成圆形或椭圆形病斑，表面生有白色粉状霉层。一般情况下，下部叶片的病斑比上部叶片多，叶片背面比正面多。霉斑早期呈单独分散状，后联合成一个大霉斑，甚至可以覆盖整个叶面，严重影响植株光合作用，使植株正常新陈代谢受到干扰，造成早衰，产量受损。

（二）病因

白粉病系受子囊菌亚门，瓜类单丝壳白粉菌感染所致。田间管理不当是导致发病的主要诱因：

（1）种植密度大、通风透光不好，发病重；氮肥施用太多，植株抗性降低，易发病。

（2）土壤黏重、偏酸，多年重茬，田间病残体多，肥力不足、耕作粗放、杂草丛生的田块，植株抗性降低，发病重。

（3）肥料未充分腐熟、有机肥带菌或肥料中混有本科作物病残体，易发病。

（4）空气干燥、干旱与潮湿不断交替，光照不足，易发病；连阴雨后长期干燥，易发病。

（三）防治措施

（1）选用抗病品种。选择通风良好，土质疏松、肥沃，排灌方便的地块种植。要适当配合使用磷、钾肥，防止植株脱肥早衰，增强植株抗病性。阴天不浇水，晴天多放风，降低温室或大棚内的温度、相对湿度，防止温度过高出现闷热现象。在黄瓜白粉病发病前期或未发病时，主要是使用保护剂防止病害侵染。

（2）在田间，叶片出现白粉病症状时，应使用速效治疗剂，并注意加入适量保护剂，防止病害进一步加重与蔓延。

（3）加强管理。经验表明，白粉病发生时，可在黄瓜行间浇小水，提高空气湿度，同时结合喷药，能一举控制病害。辅助措施还包括：避免过量施用氮肥，增施磷、钾肥，拉秧后清除病残组织等。

二、黄瓜霜霉病

（一）症状

黄瓜感染霜霉病的症状主要表现在叶上。苗期发

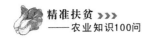
病时,子叶上起初出现褪绿斑,后逐渐形成黄色不规则形病斑。潮湿时子叶背面产生灰黑色霉层,随着病情发展,子叶很快变黄、枯干。成株期发病时,叶片上初现浅绿色水浸状病斑,扩大后受叶脉限制,病斑呈多角形,并由黄绿色转为淡褐色。后期病斑汇合成片,全叶干枯,由叶缘向上卷缩,严重时全株叶片枯死。

（二）病因

黄瓜霜霉病的病原菌为鞭毛菌亚门假霜霉属古巴假霜霉菌,该病原菌的孢子囊靠气流和雨水传播。

（三）防治措施

黄瓜霜霉病的防治以"预防为主,综合防控"为原则:

（1）选用抗病性好的优良品种,如津优系列、华黄瓜系列、津绿系列、博美系列等。

（2）在栽培上多用有机肥、微生物菌肥,让土壤产生更多的腐植酸,使营养充分均衡供应,杜绝偏施氮肥,保证钙、钾肥的供应。

（3）在药物防治上可选用易保、银法利、瑞凡等,每3天用1次,连用2次。

17 冬瓜的栽培技术要素有哪些?

（一）备好营养土

冬瓜育苗营养土或育苗基质是冬瓜苗生长的物质

基础,其质量的高低直接影响冬瓜苗质量的好坏。生产中配制营养土常采取以下方法:

(1)用营养钵或者营养土块育苗,可用 6 份三年以上未种过瓜类蔬菜地块中的生土和 4 份充分腐熟的优质厩肥作育苗土,使用前将两者混合均匀并过筛。厩肥中的营养物质比较全面,不需要再加其他肥料。

(2)冬瓜育苗进行工厂化生产时常采用穴盘,育苗基质主要由草炭土、蛭石、珍珠岩等物质调配而成。生产上经常应用的草炭土、蛭石、珍珠岩这三种物质的比例构成有三种,即 5:3:2,6:2:2,7:2:1。这类育苗基质具有疏松、透气性好、无病原物等特点。

在配制育苗土或育苗基质时,要与农药和肥料的使用结合起来,一般在配制过程中加入 50%多菌灵可湿性粉剂 500 倍液,另外添加可溶性肥料即可。

(二)培育壮苗

苗期管理是培育壮苗的重要环节,管理秧苗总的原则是"促控结合,有促有控"。

(1)从子叶出土到破心阶段的管理:重在控水降温,白天温度保持在 20～25 ℃,夜间温度保持在 13～15 ℃,应加强光照,少施或不施氮肥。

(2)从破心到四叶展平阶段的管理:这一时期温度要适当提高,白天温度保持在 25～28 ℃,夜间温度保持在 15～18 ℃,要求土壤表面湿而不涝,干而不裂。

(3)移植前的炼苗阶段:定植前必须对冬瓜苗进行

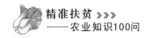
低温锻炼,即在定植前一周将白天温度控制在 15～
20 ℃,夜间温度控制在 13～15 ℃,经过 5～6 天即可完
成炼苗过程。

（三）适宜苗龄和壮苗标准

（1）冬瓜的适宜苗龄:冬瓜的适宜苗龄是 35～40
天,生理苗龄为三叶一心或四叶一心。冬瓜根系木质化
早,再生能力差,苗龄不宜太长,否则定植后不容易
缓苗。

（2）冬瓜的壮苗标准:具有 3～4 片真叶,叶片青
绿、肥厚,2 片子叶健壮完好,节间粗短,根系发达且色
泽洁白,整株无病虫危害。

（四）环境条件

冬瓜生长发育需要长期保持适宜的环境条件,包括
温度、光照、水分和土壤条件等四个方面。

（1）温度:冬瓜是喜温耐热的蔬菜,适宜的生长温
度为 23～32 ℃,在 40 ℃条件下也有较强的同化作用。
成株对低温的忍耐能力较差,其临界温度为 15 ℃。

（2）光照:冬瓜属于短日照作物,对日照条件要求
不严格,只要其他环境条件适宜,一年四季都可以开花
结果,特别是小果型的早熟品种,适应性更强。

（3）水分:冬瓜是喜水,但怕涝、耐旱的蔬菜,其适
宜的土壤湿度为 60%～80%,适宜的空气相对湿度为
50%～60%。

（4）土壤条件:冬瓜是一种对土壤要求不太严格,

适应性强又喜肥的作物。冬瓜在各种类型的土壤中都能生长,但以肥沃疏松、通透性好、pH 值为 5.5～7.6 的中性或偏酸性土壤为宜。

（五）定植密度

冬瓜定植密度受品种、栽培方式和立地环境的土壤肥力等多种因素的制约。其中,冬瓜的品种和栽培方式是影响定植密度的主要因素。

（1）保护地栽培冬瓜,一般用早熟品种进行吊蔓或搭架栽培,每亩定植 2000～2500 株。

（2）露地爬地冬瓜,一般用中晚熟品种。爬地冬瓜植株在地面上生长,蔓叶互相遮蔽,不利于密植,通常每亩定植 300～460 株。

（3）搭架栽培冬瓜,通常将大部分蔓叶引上棚架,使空间得到充分利用,有利于密植,每亩定植大果型品种约 400 株。

（六）需肥特点

（1）冬瓜需肥动态。冬瓜对肥水的吸收量较大,耐肥能力强。施肥应以有机肥为主,配合追施少量复合专用肥。冬瓜生长初期,幼苗吸收能力差,需肥量也较小。抽蔓期需肥量稍有增加,以氮肥为主。开花结果期是营养生长和生殖生长的并进时期,既要保证茎叶生长,又要为开花结果提供充足营养,需要施大量的磷、钾肥,这也是冬瓜需肥的高峰期。

（2）科学施肥。重施基肥,冬瓜生长期较长,需肥量

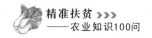

大,在定植前一定要施足基肥,每亩施腐熟有机肥3000～4500公斤,饼肥50～75公斤。

18 苦瓜的栽培技术要素有哪些？苦瓜有哪些高效的套（间）作模式？

一、苦瓜的栽培技术要素

（一）催芽

苦瓜原产于热带,发芽需较高温度,多数品种要求在30～35 ℃之间催芽。

（1）浸种:用35 ℃温水保温浸种10～12小时,少量可用保温瓶浸种。经浸种的苦瓜发芽较整齐。

（2）催芽:浸种后用温水洗净,用纱布包裹后,外包塑料袋,置于30 ℃左右的地方催芽。催芽可用恒温发芽箱、电热毯;少量种子可随身置于身上最内层衣袋（夜晚可与人同眠）。

（二）播种

把已破口露芽的种子置于营养钵育苗,钵内装好营养土并压实。播前浇透水,每钵播一粒发芽的种子,并盖1.5厘米厚湿润细土,铺上一层地膜,盖上塑料小拱棚。

（三）苗期管理

出苗前棚内温度宜保持在30 ℃左右。出苗后注意通风换气,并将温度控制在25～28 ℃。苗床见干时在晴天上午可适当洒水,以湿润为度,切勿使土壤中水分过多。苗齐后喷洒一次 70％甲基托布津可湿性粉剂 1000 倍液。待苗长到两叶一心时即可定植。

（四）选地与施基肥

苦瓜栽培应选择土层深厚、土质肥沃、排灌方便,前茬作物为非葫芦科作物的土壤。其中,土质以壤土最优,黏土次之,沙土较差。

碧玉、楚科青玉等杂交苦瓜品种优势强、产量高,增产潜力极大,需肥量也大,每亩施用腐熟农家肥 3500 公斤或"狮马牌"三元复合肥 50～60 公斤,沟施。

（五）田间管理

（1）搭架建棚。为获高产,延长采收期,可选择棚架式栽培方式。一般做成高度为 1.8 米的平架棚,搭架材料采用长毛竹。为抵御大风,平架棚下多用粗壮小圆木作支架,架棚应稳固扎实。

（2）整枝引蔓。上架前不定期将侧蔓摘除,只留一根主蔓上架。主蔓的分枝能力非常强,上架后主蔓很快又会长出许多侧蔓,要及时牵引侧蔓爬架,使主、侧蔓均匀爬满架棚。引蔓时间以晴天下午为宜,以免折断瓜蔓。上架后,还应将弱小或过密侧枝及时去除,适当理蔓。

（3）人工辅助授粉。苦瓜进行早熟栽培时,由于气温低、雨水多、传粉昆虫少,在雌花开放期,可于每天 7:00～10:00 进行人工辅助授粉,并在整枝、授粉或采

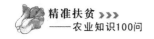
收的过程中及时摘除畸形果、病果、虫果等。

（4）生长期肥水管理。高产品种要保证肥水充足，否则其优势无法发挥，特别是结瓜高峰期要保证肥水充足。采瓜高峰期，每隔 7 天左右每亩施 16：16：16 复混肥15～25公斤、硫酸镁 3～5 公斤，加稀粪水浇施；中后期叶面喷施营养液。苦瓜生长期间应保证水分供应，灌水条件好的地块，应每天灌水一次，要求畦面覆草或其他降温保湿材料。

（六）采收

苦瓜采收期一般在开花后 16～18 天，当果实瘤状明显，瓜皮光泽亮丽时应及时采收。苦瓜采收宜在清晨进行，中午或下午不宜采收，否则采下的苦瓜易黄化，不耐贮运。采收过程中应轻拿轻放，防止机械损伤。采收时要注意农药的安全间隔期，以保证苦瓜的品质和消费者的健康。

二、苦瓜的高效套（间）作模式

（1）玉米—苦瓜—春萝卜：2 月玉米播种，3 月中下旬苦瓜育苗，4 月中旬苦瓜定植，6 月玉米收获完毕，9 月苦瓜收获完毕；9 月中下旬种植春萝卜，12 月上旬收获。

（2）苦瓜—西芹：苦瓜 3 月育苗，4 月定植，6 月始收；西芹 7 月育苗，8 月定植，11 月始收。

（3）苦瓜—大蒜：苦瓜 3 月育苗，4 月定植，大蒜 7 月种植。

19 苦瓜的连作障碍都有哪些？应如何克服？

（一）连作障碍

（1）连作会使苦瓜所需养分被其他作物大量吸收而造成部分营养缺失，导致苦瓜营养不良。

（2）连作会使苦瓜生长代谢分泌的有毒物质积累，导致苦瓜不能正常生长。

（3）连作会使病原菌大量累积，致使枯萎病爆发。

（二）克服方法

克服连作障碍最有效的办法是轮作，但因人多地少，轮作相当困难。利用抗病砧木嫁接换根，可以有效克服苦瓜的连作障碍，一般用丝瓜、瓠瓜等作砧木。苦瓜嫁接时应注意以下四点：

（1）亲和力测定，最好是杂交一代专用品种；

（2）丝瓜（宜选用长瓜条品种）耐湿、耐高温，不耐寒，故宜夏秋高温期使用，不宜早春使用；

（3）杂交一代瓠瓜耐寒性好，适宜早春使用；

（4）嫁接苗连作 2～5 年，照样发病，故根本措施在于做好土壤保护，培肥地力。

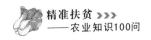

20 南瓜的栽培技术要素有哪些?

(一)育苗

南瓜育苗要先进行浸种催芽处理,用100 ℃热水烫种5秒钟,立即兑凉水降温至30 ℃,浸种4~6小时。其间用30 ℃温水淘洗种子2~3次,除去种子表面的黏液后,用湿纱布包好催芽。催芽时温度保持在28~30 ℃。约36小时后,种子胚根显露,俗称露白,即可播种。用48孔育苗盘育苗,每孔播1粒发芽的种子,上面覆盖1厘米厚的基质,然后用地膜盖严。播种后,白天温度保持在25~30 ℃,夜间温度保持为18 ℃左右。当60%的种子出土时,撤去地膜,白天温度降至20~25 ℃,夜间温度降至12~15 ℃,以防幼苗徒长。育苗期间每5天喷一次水,幼苗在两叶一心时定植。

(二)土壤要求

应选择光照充足、不易积水、土壤肥沃的地块进行种植。在定植前平整土地,施足基肥。每亩施腐熟有机肥2500公斤、过磷酸钙25公斤、草木灰100公斤、复合肥50公斤、石灰50公斤。以5米开厢,每厢种2行。视品种不同,株距为0.6~1.0米,每亩种植200~500株,定植后浇足定根水。

(三)肥水管理

南瓜的肥水管理要根据不同的生育阶段、土壤肥力和植株长势等情况进行。在肥料施用上，应该做到有机肥与无机肥配合，并尽量增施有机肥。一般用有机肥和磷肥作基肥，钾肥 2/3 作基肥，1/3 作追肥；氮肥 1/3 可作基肥，2/3 作追肥。在南瓜缓苗后，如苗色淡而发黄，应结合浇水进行追肥，可用 1:(3～4) 的淡粪水，即 1 份人粪尿液加 3～4 份水，每亩用量 250～300 公斤，追施发棵肥。在开花坐果前，主要应防止茎、叶徒长和植株生长过旺，以免影响开花坐果。当植株进入生长中期，结 1～2 个幼瓜时，应在封行前重施追肥，以保证有充足的养分，一般每亩追施 1:2 的粪水 1000～1500 公斤。在果实开始收获后，追施化肥可以防止植株早衰，增加后期产量。如果不收嫩瓜，以采收老瓜为主，则后期一般不必追肥，根据土壤干湿情况浇水 1～2 次即可。

南瓜喜有机肥料，在施用化肥时要力求氮、磷、钾肥配合施用。施肥量应按南瓜植株的发育情况和土壤肥力情况来决定，如瓜蔓的生长点部位粗壮上翘、叶色深绿时不宜施肥，否则会引起徒长、化瓜；如果叶色淡绿或叶片发黄，则应及时追肥。

（四）南瓜定植前后的管理

（1）化学除草。大田栽培一般采用露天爬地栽培方式。定植前 3～5 天，大田用丁草胺或农达兑水进行喷雾处理，以消灭杂草。

（2）补苗。如果田间缺苗，将会严重影响产量。在定植和缓苗过程中，由于各种因素的影响，如人工操作

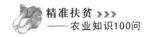

不小心碰伤,或病虫害伤害幼苗,或因风力强劲刮断幼苗茎叶等都会造成缺苗。所以在定植后进入缓苗期时,要加强查苗、补苗工作,一旦发现缺株或幼苗受损,必须及时补苗。栽后要及时浇水,以保证成活率。

(3)中耕除草。南瓜定植的株行距都较大,宽大的行间,在封行前杂草很容易生长,所以从定植到伸蔓封行前要进行中耕除草。结合除草进行中耕,由浅入深。注意不要牵动秧苗土块,以免伤根。为促进根系发育,中耕时要往根际培土。中耕不仅可以疏松土壤,增加土壤的透气性,提高地温,而且还可以保持土壤湿度,利于根系生成,一般中耕3~4次。但若封行前没有将杂草除尽,又进入有利于杂草丛生的高温多雨季节,则要用手拔除杂草,以防止养分的消耗和病虫害的滋生。

(五)整枝

南瓜主、侧蔓均可结果,可视栽培密度进行留蔓整枝。对生长势旺、侧枝发生多的南瓜,可以去掉一部分侧枝、弱枝、重叠枝,以改善通风透光条件。否则,由于南瓜枝叶过于茂盛,往往易引起化瓜。整枝方法有很多,如单蔓式整枝、多蔓式整枝等。整枝也可以不拘于某种形式,多种方法并用。单蔓式整枝就是把侧枝全部摘除,只留一条主蔓结瓜。一般早熟品种,特别是密植栽培的南瓜,多用此法整枝。在留足一定数目的瓜后,即可进行摘心处理,以促进南瓜的发育。多蔓式整枝,一般用于中晚熟品种,就是在主蔓长至第5~7节时摘心,而后留下 2～3 个侧枝,使子蔓结瓜。主蔓也可以不摘心,而在主蔓基部留 2～3 个强壮的侧蔓,把其他的侧枝都摘除。可不拘于某种形式的整枝方法,就是对生长过旺或徒长的植株,适当地摘除一部分侧枝、弱枝,叶片过密处适当地打叶,这样有利于防止植株徒长,改善植株通风透光条件,减少化瓜现象的发生。

（六）压蔓

压蔓具有固定瓜藤、叶的作用,同时可促使南瓜生出不定根,辅助主根吸收养分和水分,满足植株开花结果的需要。在瓜秧伸蔓后,如果不压蔓,瓜蔓就有可能四处伸展,风一吹常乱成一团,影响植株正常的光合作用和田间管理操作。通过压蔓可使瓜秧向着预定的方位生长。压蔓前要先进行理蔓,使瓜蔓均匀地分布于地面。当蔓长 60 厘米左右时进行第一次压蔓,方法是在蔓旁边用铲挖一个 7～9 厘米深的浅沟,然后将蔓轻轻放入沟内,再用土压好,生长顶端要露出 12～15 厘米。以后每隔 30～50 厘米压蔓 1 次,先后进行 3～4 次。对于实行高度密植栽培的早熟南瓜,则可只压蔓一次,甚至不压蔓。进入开花结瓜期,在已经有 1～2 个瓜时,可以选择一个瓜个大、形状好、无伤害的瓜留下来,顺便摘去其余的瓜,同时摘除侧蔓,并打顶摘心。打顶时,要注意在瓜后留 2～3 片叶,便于养分集中,加快果实的膨大。

（七）人工授粉

南瓜第一雌花一般位于主蔓第 5～8 节。为了保证稳

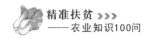
产、多产,生产上应选留 8 节以内的雌花进行人工辅助授粉。人工辅助授粉一般在 6:00～10:00 进行,若遇阴雨天,授粉后要进行套袋处理,以保证坐上瓜。由于南瓜坐果能力强,视生长势每株选留 2～4 个好瓜,其余尽早摘除。

（八）采收

若气候正常,开花后 30～40 天,当果皮颜色变深、果梗变成褐色,用指甲较难划破瓜皮时即可采收。从外形上看,果色均匀并且果实表面附着白色粉状蜡质层后,说明果实已成熟,可以采收。若市场行情好,坐瓜后 10～18 天的嫩瓜也可采收,只不过品质下降,无法保持其原有的独特风味。

21 丝瓜有哪些品种？如何进行栽培管理？

一、丝瓜品种

常规栽培的丝瓜有以下三个品种:

（1）棒槌丝瓜:各地均有栽培。植株蔓性,生长势强。叶片为掌状裂叶,正面呈深绿色,背面呈灰绿色。瓜条为棍棒形,基部略圆,先端渐细,长 40 厘米左右,粗 3～4 厘米,瓜皮为绿色,表面有 10 条浅绿色线状突起。瓜肉呈白绿色,肉质细嫩,品质中等,单瓜重 250 克左右。该品种结瓜多,产量较高。

（2）线丝瓜:该品种从南方引至北方多年。植株生长势强,蔓性。叶片为掌状裂叶。瓜为细长形,呈棍棒状,中下部渐粗,瓜长 75～95 厘米;横径平均 3 厘米左右。单瓜重 250 克左右。瓜皮呈绿色,有皱褶和纵条纹。瓜肉呈白绿色,细嫩纤维少,品质较好。线丝瓜较晚熟,耐热,抗病虫害能力强,瓜条生长快。

(3)棱角丝瓜:该品种多在南方栽培,北方较少见。茎蔓性,第一雌花节位在 6～7 节,侧蔓结瓜早。叶片为掌状五角形,呈浓绿色,叶面平滑无茸毛。瓜为长棒状,基部细,先端较粗,瓜皮为绿色,皮质较硬,表面有 8～10 条纵向的棱。瓜肉为白色,肉质柔嫩多汁,有清香味,品质好。棱角丝瓜耐热、耐湿性强,耐寒性差,适宜夏、秋季栽培。

二、丝瓜栽培管理

(一)温度和光照要求

(1)丝瓜对温度的要求。在影响丝瓜生长发育的环境条件中,以温度最为敏感。丝瓜属耐热蔬菜,有较强的耐热力,但不耐寒,生育期间要求高温环境。丝瓜种子在 18～25 ℃时发芽正常,在 30～35 ℃时发芽迅速。丝瓜生长发育的适宜温度是白天 25～28 ℃,夜间 16～18 ℃。丝瓜生长期适宜的日平均温度为 18～25 ℃,15 ℃以下生长缓慢,10 ℃以下停止生长。

(2)丝瓜对光照的要求。丝瓜对光照时间的长短、光线的强弱、光照的变化等都是很敏感的。光照条件直接影响丝瓜的品质和结瓜的迟早。丝瓜是短日照作物,

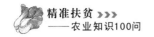
比较耐阴,在短日照条件下有助于促使丝瓜提早结瓜;若日照时间长,则结瓜期延迟,结瓜节位提高,进入结瓜期就需要较强的光照条件。丝瓜每天的日照时间最好不超过12小时,这与它来源于亚热带地区有关。抽蔓期以前需要短日照和稍高温度条件,有利于茎叶生长和雌花分化;开花结果期营养生长和生殖生长并进,需要较强的光照条件,有利于促进营养生长和开花结果。

(二)开厢作畦

南北向建畦,畦宽4.5米,深沟高畦,每畦栽植2行,行宽4米,沟宽0.5米,株距0.8米,覆盖地膜。每亩种植350~400株。

(三)肥料要求

丝瓜是喜肥植物,通常结合翻地,每亩施腐熟厩肥2500公斤,优质腐熟粪肥1500公斤,优质氮磷钾复合肥30公斤。生长期结合浇水追肥4~5次。苗定植成活后,先追一次稀粪水提苗;随着植株不断生长,每7~10天追一次稀粪水,配施适量速效氮肥;坐果后植株进入营养需求高峰期,再施一次重肥。丝瓜对水分要求较高,在生长中后期,应保持土壤湿润,尤其是在高温伏旱期间,更应早晚浇水,以满足其发棵和坐果需要。

22 瓠瓜有哪些品种?有哪些栽培技术要素?

一、瓠瓜品种

(1)"碧玉",是武汉市蔬菜科学研究所育成的早熟杂交一代瓠瓜品种。商品瓜呈淡绿色,瓜长 50 厘米左右,横径 4.5～5 厘米,单瓜重 0.5～1 公斤,亩产 3000～3500 公斤,宜保护地(大棚、温室)和露地栽培。

(2)"青玉",是武汉市蔬菜科学研究所育成的早熟杂交一代瓠瓜品种(湖北省审定品种)。商品瓜呈深绿色,瓜长 45 厘米左右,横径 4.5～5 厘米,单瓜重 0.5～1 公斤,亩产 3000～3500 公斤,宜保护地(大棚、温室)栽培。

(3)"南秀",是武汉市蔬菜科学研究所育成的早熟杂交一代瓠瓜品种。商品瓜呈绿色,瓜长 25～30 厘米,横径 5～5.5 厘米,单瓜重 0.5～0.8 公斤,亩产 3000～3500 公斤,宜保护地(大棚、温室)和露地栽培。

(4)"福圣",是武汉市蔬菜科学研究所育成的早熟杂交一代瓠瓜品种。商品瓜呈淡绿色,瓜长40～45 厘米,单瓜重 0.5～1 公斤,亩产 3500 公斤。该瓜品质好,植株生长势强,较抗炭疽病和白粉病,宜保护地(大棚、温室)和露地栽培。

二、瓠瓜栽培技术要素

(一)环境条件

(1)温度:瓠瓜喜温,种子在 15 ℃开始发芽,在 30～35 ℃时发芽最快,生长和结果最适宜的温度为 20～25 ℃。

(2)光照:瓠瓜对光照条件要求高,阳光充足,则瓠瓜生长良好且产量高,因此瓠瓜一般采用支架方式栽

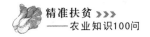
培,有利于通风透光。

（3）水分：瓠瓜根系浅，叶片大，蒸腾量大，既怕旱又怕渍，所以必须采用高畦栽培，保持沟路畅通。

（4）土壤：瓠瓜不耐瘠，以在富含腐殖质且保肥、保水力强的土壤中栽培为宜。

（二）整地作畦

选择土壤疏松肥沃、保水保肥力强、排灌良好的地块，经三犁三耙后整地作畦。畦宽（包沟）1.33米，畦高25厘米。结合整地施足基肥，一般每亩施有机肥400公斤、三元复合肥50公斤，或饼肥（菜饼）150公斤、三元复合肥30公斤。

（三）植株调整及插架绑蔓

保护地栽培采用主蔓结瓜，喷施乙烯利可促进主蔓结瓜，提高产量。即分别在六叶一心和九叶一心时各喷一次150毫克/升的乙烯利一次，留20％～25％的不喷以作授粉植株。若采用侧蔓结瓜的栽培方式，则在9片真叶时摘心，留2条粗壮的侧蔓上架，其余侧蔓全部抹掉，及时插架和绑蔓。

（四）肥水管理

追肥的次数视植株的长势而定，成活后施提苗肥一次，摘心后施长蔓肥一次，果实迅速膨大时施果肥一次，每采收两次追肥一次，既可追施稀薄粪肥，也可穴施三元复合肥。瓠瓜不耐旱且怕渍，遇干旱时应勤于沟内浸灌，切忌大水漫灌，及时排除积水。

豇豆的栽培管理有哪些技术要素？

（一）苗期管理

自第一对真叶开展到具有 7～8 片复叶时为豇豆幼苗期，需 13～17 天。豇豆不宜播种太早，春季露地栽培要及时中耕、松土，提高地温，并早施提苗肥，促使幼苗健壮生长，增强幼苗抗低温的能力，并要及时查苗补棵。苗期需水量少，故要控制灌水。夏秋播种时天气干旱，在播种后要灌水。

齐苗后要中耕保墒。春播豇豆宜采用地膜覆盖栽培方式，采用这种栽培方式烂种的现象较少，出苗齐且快，有利于丰产。在苗期还应特别注意防治蛴等地下害虫和蚜虫等。夏秋播种一般以预防干旱和虫害为主。

（二）插架和引蔓

豇豆植株蔓长 10 厘米左右时就应及时插架，一般抢在雨后进行。架形有人字形架、倒人字形架和四角形架。一般多用人字形架，架高 2.2～2.5 米，每穴插一根，离株根部 10～15 厘米远，深度 15～20 厘米，并向内稍倾斜。每两根相交，上部交叉处放上竹竿作横梁，再用塑料绳或其他材料扎紧，呈"人"字形。架要插实绑紧，以防倾斜或倒伏。

植株抽蔓后要及时引蔓上架，应按逆时针方向引蔓，使茎叶均匀分布在架上，防止植株间茎叶相互缠绕

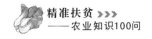
重叠,以利于茎叶更好地接受光照,有利于营养物质积累。引蔓宜在晴天中午或下午进行,早晨引蔓易折断蔓叶。

(三)防止落花、落荚的措施

(1)培育壮苗。防止幼苗受低温影响,促进花芽分化。

(2)合理密植,南北畦向,及时搭架。在蔓长10厘米左右时应及时引蔓上架,一般采用人字形架,以改善通风透光条件。

(3)做好肥水管理。追肥,花前少施或不施,花后适量施,结荚初期重施,结荚盛期适量施,以施磷、钾肥为主,配合施用氮肥。开花期以保墒为主,促根控秧,为丰产奠定基础。

(4)开花期及时防治病虫害,促进植株健壮生长。对于豇豆螟,可轮流使用除尽1500~2000倍液、卡死克乳油1600~2000倍液等防治,掌握治花不治荚的原则,早晨豇豆开花前喷药。

(5)及时采收,防止果荚之间争夺养分。

(6)应用植物生长调节剂防止落花、落荚。如用2毫克/升的对氯苯酚氧乙酸或5~25毫克/升的β-萘氧乙酸喷在花序上,可明显减少落花、落荚现象;还可用5~25毫克/升的赤霉素喷射茎的顶端,有促进开花、增加结荚数量的作用。

24 怎样延长豇豆采收期？

（1）施足底肥，可促进根瘤菌活动，形成更多根瘤，有利于早发根、早成苗。每亩施生物有机复合肥 65 公斤、过磷酸钙 50 公斤、硫酸钾 25 公斤。

（2）适时追施结荚肥。豇豆基部的豆条采摘以后，每亩施硫酸钾 15 公斤。开花后每 10～15 天喷施 1 次含硼、钼、铜的优质叶面肥。

（3）重施翻花肥。当豇豆采摘到顶部时，重施翻花肥，促进豇豆腋芽与花梗的重新分化，一般每穴施尿素 20 公斤、硫酸钾 10 公斤。如果土壤干旱，应把肥料溶于水中浇施。

（4）保护好豇豆的花柄。在采摘豇豆时一定不能碰伤或采坏豇豆的花柄，否则会使其不能再分化花芽。

（5）及时防治病虫害。要及时防治豇豆根腐病、枯萎病、锈病、炭疽病等病害，以及蚜虫、蓟马、潜叶蝇等虫害。

25 菜豆的栽培管理有哪些技术要素？

（一）温度管理

菜豆播种后，地温为 20 ℃时有利于出苗，室外温度低于 15 ℃时，应及时扣膜。扣膜后白天温度以 20 ℃为宜，超过 25 ℃应放风。夜间温度要保持在 15 ℃以上，不足时要

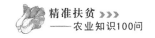
加盖外保温材料,如草帘、纸被等。菜豆不喜高温,较高的温度常致使菜豆枝蔓徒长、落花、落荚。而春季棚内温度较高,若不注意加强通风,则会使菜豆的开花坐果率降低,即使果实坐住后同样会发生落荚现象。因此,若想菜豆获得高产,调控好花期的温度非常关键。一般情况下,菜豆花期最适合的温度为20~24 ℃,高于24 ℃时坐果率下降,高于28 ℃时会出现严重的落花、落荚现象。

(二)施肥浇水

施肥浇水应掌握"苗期少,抽蔓期控,结荚期促"的原则,具体视土壤墒情而定。幼苗出土后浇一次齐苗水,此后适当控水。幼苗长出3~4片真叶时,蔓生品种插架时浇一次抽蔓水,每亩追施硝酸铵15~20公斤,以促进抽蔓。此后一直到开花前是蹲苗期,要控水控肥,促进菜豆由营养生长向生殖生长发展。浇两次水,追一次化肥,每亩每次用硝酸铵15~20公斤,化肥顺水冲入。天气变冷后,浇水次数宜适当减少,不要浸过种植垄。结荚期可交替喷施美荚露800倍液和天丰素3000倍液。须引起注意的是,花期浇水会导致菜豆落花、落荚,因此,花期一定要禁止浇水。

(三)植株调整

当蔓生品种长出4~8片叶开始抽蔓时进行插架。矮生菜豆在植株长到离地面薄膜20厘米左右时摘心。结果后期,要及时打去下部病老黄叶,改善下部通风透光条件,促使侧枝萌发和潜伏花芽开花结荚。

（四）采收

蔓生品种播后 60～70 天开始采收，可连续采收 30～60 天或更长；矮生品种播后 50～60 天开始采收，可连续采收 25～30 天。采收过早影响产量，过晚则影响品质，一般落花后 10～15 天为采收适宜期，盛荚期 2～3 天采收一次。

26 武汉地区春萝卜品种有哪些？前茬作物如何选择？

一、春萝卜品种

武汉地区栽培的春萝卜品种主要有汉白玉、玉长河，还有盛田春、剑白春、四季长白春、白光、早光、白玉大根、长白玉、东洋春雪、四强春、雪龙王、大元、新四季、白玉春、特新白玉春、玉长春、长白龙等品种。

二、春萝卜前茬作物

为了避免萝卜连作障碍，可以选择秋豇豆、秋黄瓜、丝瓜、苦瓜等作为种植萝卜的前茬作物。

27 萝卜栽培管理的技术要素有哪些？

一、夏季萝卜栽培管理

（一）夏季萝卜的品种选择

夏季高温多雨，常有暴雨发生，病虫害也较严重，因

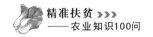
此,夏季萝卜必须选择抗热、抗病虫害能力强,且不易糠心、生育期短的品种,如夏抗40、双红一号等。

（二）夏季萝卜的播种

为防暴雨冲刷,播种前要看天气预报,预计三天内无大雨即可播种,同时用腐熟的垃圾土覆盖已播下的种穴窝。

（三）夏季萝卜栽培的田间管理

前茬作物以莴苣、洋葱、土豆、四季豆、黄瓜为宜,深沟高畦栽培。灌水要掌握"三凉"（天凉、地凉、水凉）原则,避免土壤过干或过湿。在萝卜肉质根膨大盛期,每亩施1500公斤腐熟人粪尿加过磷酸钙和硫酸铵各5公斤。注意防治黄条跳甲、菜青虫、菜蛆、菜螟、小菜蛾、斜纹夜蛾、蚜虫等虫害。

二、冬春萝卜栽培管理

武汉地区早春温差较大,气温低（有时低达－4 ℃）,因而宜选择冬性强的品种,如东洋春雪、特新白玉春等。

冬春萝卜在1月开始种植,种植时气温低,常常伴有雪灾天气,故应早盖膜。大棚要牢固,大棚膜须能抵抗一定的压力,下雪后及时除去膜上积雪,防止大棚因压力而垮塌。

三、萝卜裂根的预防

萝卜裂根是指萝卜的肉质根在生长过程中出现开裂的现象。主要是因为在萝卜生长前期遇上干旱天气,土壤含水量较低,水分供应不足,肉质根生长受到抑制,周皮层组织硬化,到了中后期若突降大雨或大量灌水,则土壤中含水量骤然增加,根系大量吸水,将已硬化的周皮层胀裂,就会出现肉质根开裂现象。此外,土壤肥力分布不均,或土壤板结、通透不良等也易使萝卜产生裂根现象。

因此,一般露地种植的萝卜宜选用土层深厚、排水良好的沙质土壤,深耕细耙,种植前须清除掉田间废旧农膜以及砾石、砖瓦等坚硬杂物。生长期遇到干旱天气要及时浇水,如遇连续阴雨天气,要及时排出田间积水。采用设施栽培的,如条件允许可采用膜下暗灌、软管滴灌等方式浇水。在萝卜肉质根膨大期,务必保持土壤湿度适宜,切勿忽干忽湿。

四、萝卜"叉根"的防治

萝卜"叉根"是指萝卜一个或几个侧根与主根同时膨大,或代替主根膨大生长,成为分叉的肉质根。

萝卜"叉根"生成的原因是,主根生长受阻,不能正常向下生长,造成侧根的生长点突起,并逐渐膨大而发育成叉根。因此在生产上应尽量选用新种子,播前防治地下害虫,田间管理时注意防止伤根。

五、萝卜"黑心"的防治

(一)萝卜"黑心"的原因

萝卜的外观正常,但肉质根内部变黑的现象称为

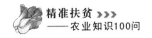

"黑心"。导致萝卜"黑心"的原因主要有三点：

（1）施肥不当，施用未腐熟的肥料，或缺乏硼元素。

（2）排水不畅，地下水位偏高，致使萝卜长期处于水分近饱和状态。

（3）病菌侵染，萝卜感染黑腐病。

（二）防治方法

有机肥要充分腐熟，增施硼肥，底肥与根外追肥应结合施用。整地时，每亩撒硼砂1公斤作底肥，生长期间再用0.5%～1.0%的硼砂溶液对叶面进行喷洒，每7～10天喷1次，共喷2～3次。避免在低洼地种植，防止地下水位过高；采用高垄或深沟高畦栽培，做好水分管理。在合理轮作换茬的基础上，播种前进行种子处理和土壤处理，并及时用药物进行控制，能有效杜绝由黑腐病菌感染引发的"黑心"现象。

（1）种子处理：用50℃热水浸种30分钟或用种子质量0.2%的50%福美双可湿性粉剂拌种。

（2）土壤处理：播种前每亩用50%福美双可湿性粉剂750克拌入细土中穴施。

（3）生长期管理：叶面喷施72%农用链霉素3000～4000倍液，7～10天喷1次，连喷3～4次。

六、萝卜"糠心"的防治

（一）萝卜"糠心"的原因

"糠心"又叫空心，是指萝卜肉质根中心部分出现空洞的现象。除品种因素外，肥水管理不当，播种、收获时间把握不当均易导致萝卜发生"糠心"现象。

（二）防治方法

（1）选择适宜品种。春季种植宜选用天鸿春等不易抽薹的萝卜品种；秋季种植宜选用红宝、双红一号、武青一号、黄州等不易糠心的萝卜品种。

（2）适期播种，及时收获。播种时间应参考当地气温状况确定，做到适期播种；根据不同萝卜品种的生育期，适时收获，不迟收。如春季大棚栽培萝卜播种期为2月中下旬，50～60天收获完成；秋季露地栽培萝卜播种期为8月中下旬，10月下旬到11月上中旬可根据情况陆续收获。

（3）加强肥水管理。增施有机肥，合理施用化肥，适当增施硼肥，做到平衡施肥，均衡供水。特别是在萝卜肉质根膨大初期，可在叶面喷施5％蔗糖溶液或0.5％硼砂溶液，每7～10天喷1次，共喷2～3次。

七、萝卜异常辣味、苦味的防治

（一）萝卜异常辣味、苦味的原因

萝卜的辣味源于其中的芥子油，苦味源于苦瓜素。在气候干旱、气温过高、肥水不足、病虫危害，或氮肥过量而磷、钾肥不足等情况下，均会使萝卜肉质根中芥子油、苦瓜素的含量增加，导致萝卜出现异常辣味和苦味。

（二）防治方法

（1）科学施肥。按照萝卜生长期的需肥特点，增施

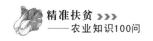

优质腐熟农家肥及生物有机肥,减少氮肥用量,同时增施磷、钾肥,做到合理施肥。

(2)科学控温。高温季节栽培萝卜时,要注意加盖遮阳网,避免强光的直射,以降低地表温度。

(3)做好水分管理。适时浇水,在萝卜生长发育的不同时期,特别是在萝卜破肚以后至肉质根膨大期,要保证肥水的均衡供应。

(4)加强对病虫害的综合治理。及时发现,及时防治病虫害,为萝卜生长创造良好的条件,提高萝卜产量的同时改善萝卜品质。

八、萝卜先期抽薹的防治

(一)萝卜先期抽薹的原因

萝卜先期抽薹是指在萝卜生长过程中,尚未达到肉质根成熟期,花薹即开始抽出的现象。萝卜先期抽薹的原因:

(1)品种特性。有些品种对外界环境温度的反应较敏感,较易因春化作用而出现先期抽薹现象。

(2)栽培环境(温度、光照)。春萝卜由于播种时温度低,容易通过低温春化阶段。一般从萌动的种子到整个幼苗期,甚至成株,如遇到 5 ℃左右的温度 15～20 天,就可能会通过春化阶段。萝卜通过春化阶段后,在长日照和较高温度下可加速其抽薹作用。

（二）防治方法

（1）选择耐抽薹品种。春季种植要选择对春化条件要求严格、冬性较强的品种。

（2）适期播种。早春萝卜以 12 月上旬至翌年 1 月上旬为播种适期，日光温室播种的，要尽量保证不使萝卜受冻害；春季大棚栽培以 2 月下旬至 3 月上旬为播种适期。

28 胡萝卜主栽品种有哪些？栽培管理有哪些技术要素？

一、品种

（1）绿领五寸参：肉质根皮、肉、心均为橙红色，呈长圆柱形，生长势强，较抗病，色泽鲜嫩，胡萝卜素及糖分含量高，品质优良。栽培条件适宜时，亩产可达 5000 公斤以上。

（2）绿领七寸参：肉质根呈长圆柱形，表皮光滑细腻，整齐一致，根长 20～25 厘米，根径约 5 厘米，单个重 300～500 克，皮肉呈鲜橙红色，肉质紧密，味甜、汁多，品质佳，耐贮存，生熟食均可。

（3）高原红七狼：耐热耐寒，耐湿耐旱，生长强健，肉质根呈圆柱形，根长约 23 厘米，根径 4～5 厘米，皮色鲜红，光滑美观，形状丰满，商品性高，品质优。播种后 120～180 天可采收，单根重 300～400 克，产量高，特耐

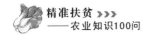
抽薹,适合贮藏,是加工出口及市场销售专用品种。

(4)美国四季红:耐热耐寒,耐旱耐湿,生长快速、强健,在不良的气候环境下也能正常生长。叶子直立矮小,根部肥大且芯小,根长约 22 厘米,根径约 4 厘米,形状丰满,皮色鲜红,光滑美观,不易裂根。播种后 120 天可收获,单根重约 300 克。如市场需要可延长采收期,产量更高,不易老化,为贮运、加工、出口及市场专用的优秀品种。

(5)丽红:品质优良的早熟品种,播种后 95～100天收获。整齐度好,耐抽薹,长势中等,抗枯叶病。肉质根呈圆筒形,根长 22～24 厘米,根径 4.2～4.5 厘米,单根重 260～280 克,表皮光滑,收尾好,适合南北方春秋栽培。

二、栽培管理技术要素

(一)催芽与播种

武汉地区一般在 9～10 月播种较好。为了提高种子发芽率,需浸种催芽。在播种前 7～10 天,选用质量好的新种,搓去种子上的刺毛后,用 40 ℃温水浸泡2～3小时,然后置于 20～25 ℃条件下催芽。催芽过程中要保持较高的空气湿度,并定期进行搅拌。

当大部分种子露出胚根后即可播种。播种分为撒播与条播两种,一般多用撒播,每亩用种量 0.4～0.5 公斤。为使播种均匀,可将适量细土与种子掺和均匀后播,播后覆浅土并加盖稻草,用以保湿、降温,以及防暴雨冲击,出苗后及时揭去稻草。

（二）整地施肥

胡萝卜的产品是地下部肉质根,种植时要选择土层深厚,土壤肥沃,富含有机质且排水良好的壤土或沙壤土。深耕（耕层厚度不小于 25 厘米）,每亩施腐熟土杂肥 2000～3000 公斤,过磷酸钙 15 公斤,草木灰 100 公斤。将肥料翻匀耙平后作畦,畦宽（包沟）2～2.2 米,畦高以增厚土层及有利于排灌为宜。

（三）田间管理

（1）间苗。第一次间苗在植株长出 1～2 片真叶,苗高约 3 厘米时进行,主要疏去过密、弱小、不正常的苗。第二次间苗在植株长出 4～5 片真叶,苗高约 12 厘米时进行,按株距 12～15 厘米定苗。

（2）追肥。在施足底肥的基础上追肥 2～3 次。第一次追肥在出苗 20～25 天以后,植株长出 2～3 片真叶时进行,每亩施碳酸铵 2.5～3 公斤,过磷酸钙 3～3.5 公斤。第二次追肥在定苗后进行,每亩施碳酸铵 7.5 公斤,过磷酸钙和钾肥各 3～3.5 公斤。以后视生长情况酌情追施,每次追肥浓度不能过高。生长后期不宜追肥,以防裂根。

（3）灌水。出苗前保持土壤湿润以利于出苗,幼苗期不宜过多浇水,以防徒长。肉质根膨大期,胡萝卜对水量的需求较大,此时要保证供水充足、均匀。若供水

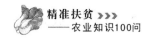

不足会导致根头细小而粗糙,供水不均匀易引起裂根,导致胡萝卜品质降低。

(4)中耕、除草与培土。每次间苗、灌水、追肥后,视土壤湿度适时进行中耕、除草与培土。中耕不宜过深,以免伤及胡萝卜须根。每次中耕、除草时应配合进行培土,防止根部膨大后露出土壤表面,使表皮变绿而影响品质。

(5)采收。要适时采收,过早或过晚都会影响胡萝卜产量和品质。收获过早,肉质根未充分膨大,产量低且味淡;收获过晚,则易残根或抽薹。收获适期应根据品种特性进行判断,一般情况下,成熟胡萝卜的心叶呈黄绿色,外叶稍有枯黄,肉质软,味甜。收获时要注意保持肉质根的完整,尽量减少表皮的损伤。

29 莴苣的栽培管理有哪些技术要素?

(一)环境条件

莴苣喜冷凉、怕高温。种子发芽最低温度为4℃,最适温度为15~20℃,30℃以上发芽受抑制;幼苗生长最适温度为12~20℃;茎、叶生长最适温度为11~18℃,温度过高易抽薹。莴苣根系分布较浅,生长迅速,对肥水要求较高,应施足基肥。基肥以有机肥为主,用量应占施肥总量的60%~65%。以氮肥为主,配合施用磷、钾肥。莴苣对土壤酸碱反应敏感,pH值以6~6.5为宜。

（二）品种选择

茎用莴苣栽培以收获肥大脆嫩肉质茎为主。莴苣有耐热、耐寒品种,应根据栽培季节选择品种。耐热品种四季均可种植,耐寒品种仅作春莴苣种植。早秋种植一般选用夏胖青、夏抗 38、尖叶先锋、夏娃、夏王、正兴三号、尖叶独秀、夏秋王、热抗王子、特耐热二白皮等品种;秋季种植一般选用圆叶雪里松、绿剑、笋中笋王、清夏尖笋王、丰抗 3 号、耐热二白皮、夏冠、笋都高抗一号等品种;春季种植一般选用尖叶雪里松、秋冬香笋王、特耐寒二白皮、冬寒号、温棚二号、根根香、笋都香翠王、寒香脆、冰山雪莲等品种。

（三）播期

莴苣在我国南北方均可栽培,由于其原产于地中海沿岸,故其在茎叶生长期喜冷凉环境。长江流域莴苣栽培有春莴苣、夏莴苣、秋莴苣等品种。夏莴苣于 4 月上旬播种,5 月栽植,6~7 月采收;秋莴苣于 7 月至 9 月上旬播种,9~11 月采收;春莴苣于 9 月下旬至 10 月中旬播种,幼苗期在大田越冬,翌年 3~4 月采收。

（四）莴苣未熟抽薹的控制

品种选择不当,播期不适,苗期管理不善,定植不及时,栽植过密,浇水不恰当,施肥不足或氮肥过多,气候条件不适宜等原因,易造成莴苣出现未熟抽薹现象。未熟抽薹现象常发生在夏秋季栽培中,为避免出现这种现象,应选择耐热或特耐热的品种。根据武汉的气候情况

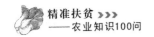
选择适宜的播期,苗期及时间苗,多见光,少施氮肥以抑制徒长,苗龄控制在 23～28 天,株距为 25 厘米左右。莴苣莲座期前保持土壤湿润,及时清沟排滞水。如因遇长期高温天气造成莴苣茎叶生长受到抑制而使花芽分化提前,应适当喷施矮壮素进行防治。

(五)莴苣双多头的预防措施

近年来,武汉地区夏秋莴苣生产中经常出现肉质茎顶端有 1～2 个分叉的现象,即双多头现象。主要是品种不纯,苗龄过长,苗床密度过大,肉质茎膨大过程中温度过高且持续时间长,基肥不足等原因造成的。因此,应严格选择品种,加强苗期管理,及时间苗,及时定植,苗龄控制在 28 天内,高温期间适当浇水肥以促进茎叶生长,基肥以有机肥为主,茎叶膨大期加强追肥。

(六)田间管理

莴苣苗主根起苗后易拔断,可产生大量侧根,栽后容易成活。定植后 2 天内每天要浇定根水,以提高成活率。由于武汉地区 8～9 月份气温高,植株蒸腾量大,栽后最好用遮阳网遮阴降温,以利活棵。茎用莴苣定植前要结合翻土整畦施足基肥,每亩用腐熟畜禽肥 500 公斤,农家肥 1000～2000 公斤,磷钾肥 30～50 公斤;基肥用量占施肥总量的 60%～65%,酸性强的土壤每亩施生石灰 40 公斤。幼苗期至莴苣膨大期要保持土壤湿润,遇干旱时3～7 天灌一次"跑马水"。生长后期肥水不宜过多,以防徒长。株高 30～40 厘米时,要适当控水以防植株间湿度过大,招致病害。莴苣开始膨大时施肥应从浓到稀,若施肥过浓,易造成莴苣基部裂开,引起腐烂。此时可进行叶面追肥,每亩施用磷酸二氢钾 200 克,或用 0.2%～0.3% 硼砂溶液喷施,每 10 天喷一次。为防止早抽薹或植株过高,可适时施多效唑。定植后 1 个月,每亩用 6 克多效唑兑水 50 公斤进行喷雾处理,注意既不能重复喷,也不能漏喷,以免影响莴苣产量和品质。定植后 1 个月,需中耕培土 1～2 次。采收前 10 天停止肥水供应,以促进茎秆成熟。

 苋菜的栽培管理有哪些技术要素?

(一)早春保护地苋菜栽培管理

(1)选择适宜的品种,主要为大红袍、穿心红等。

(2)施肥播种。在长 40～50 米、宽 4～8 米、高 1.8～2.8 米的大中棚内,按 1.8～2 米开厢,每亩施腐熟猪粪肥 4000 公斤,饼肥 250 公斤,进口复合肥 50 公斤。12 月下旬至翌年 1 月上旬浇足底水及时播种,每亩用种量 2.5 公斤。

(3)田间管理。播种后及时覆盖地膜并加小拱棚,特别寒冷时应加盖草包等保温材料,苗出齐后揭去地膜。幼苗具有 2 片真叶时开始追肥,每亩施 10% 的腐熟人粪尿 500 公斤或 1% 尿素,5～7 天 1 次。株高 10 厘米,具有 5～6 片叶时采收,采收 1 次,追肥 1 次,共

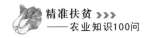

2～3次,每次每亩施10％的腐熟人粪尿500公斤或复合肥15公斤。棚内温度达30 ℃时及时通风,气温稳定在20 ℃以上时及时揭膜。

(二)病虫害防治

苋菜的病害主要有白锈病,在高温、高湿条件下易发生,可用50％多菌灵可湿性粉剂800～1000倍液或75％百菌清可湿性粉剂600倍液防治。

苋菜的虫害主要有蚜虫,在高温条件下易发生,可用10％吡虫啉可湿性粉剂1500倍液防治。

31 目前武汉地区栽培的小白菜品种有哪些? 栽培管理有哪些技术要素?

一、品种

目前武汉地区栽培的小白菜品种主要有:

(1)白梗类型,主要有汉优、矮脚黄、矮脚白、白梗矮抗青、抗热605、上海青、江艺白冠等品种。

(2)青梗类型,主要有汉冠一号、特矮青、四月慢、绿冠、八仙、夏诺、华胜等少量外地引进品种。

(3)大白菜秧类型,主要有早熟五号、金典华玉、夏悦、胜丰等品种。

二、栽培管理技术要素

(一)栽培季节及播种方式

(1)秋、冬白菜:8月上旬至10月下旬连续播种,采收至翌年 2 月抽薹为止。一般采用育苗移栽。

（2）春白菜：可分为晚秋播种和早春播种。晚秋播种可于 10 月下旬至 11 月上旬进行，以小苗越冬，次年春季收获成株。早春播种一般在春分后进行，撒播或移栽均可。

（3）夏白菜：以栽培采收菜秧为主。5 月上旬至 8 月上旬可随时播种，一般为散播。

（二）田间管理

（1）播种量：直播每亩用种量 1～2 公斤，移栽每亩用种量 1～1.5 公斤。

（2）水分灌溉：既不能使土壤缺水，也不能使土壤积水。

（3）施肥要点：小白菜根系浅，吸收能力差，但小白菜生长迅速，因此对肥水要求严格。多施速效氮肥，如尿素、人粪尿等，是保证丰产的关键环节，一般追施 2～3 次。缓苗后应及时追肥提苗，每隔 7～10 天追施 1 次，连续追施 2 次，浓度可逐渐加大。夏播一种二收或一种三收，每采收一次追肥一次。

（4）苗期虫害：重点防治苗期蚜虫、跳甲等。

（5）采收要点：小白菜的采收可根据市场需求采取一种一收、一种二收或一种三收等形式，即在播种后，当秧苗长出 5～6 片叶时一次性采收，或先采收一次幼苗，以后每隔 10～15 天收一次。

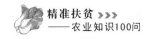
32 大白菜的栽培管理有哪些技术要素？

（一）直播和育苗移栽

大白菜播种，有的采用直播，有的先行育苗然后移栽，这两种方法各有其特点。直播不经过移栽，不伤根，不需要经过缓苗阶段，因此生长快，同时可减少软腐病感染的机会，但是直播占用大田时间长，不利于安排茬口。育苗移栽可缩短大田的占用时间，并且苗期管理方便，但移栽时往往伤根，并且需要一段时间缓苗。

（二）肥水管理

大白菜的生长期可分为幼苗、发棵、包心三个阶段，肥水管理在各阶段都不相同。幼苗期需水不多，应适当控制浇水量，每次间苗后，浇施一次淡粪水。发棵期大白菜外叶生长迅速，根系扩大，在发棵前期要追一次肥，在发棵后期要施一次重肥，每亩施人粪尿 5000 公斤左右。大白菜包心期一般 40～50 天，包心后要根据天气情况及时浇水 2～3次。包心开始时要施重肥，保证包心良好。

（三）定植密度

春季大白菜每亩种植 2500～3000 株，行距 60 厘米，株距 35～45 厘米。夏季大白菜每亩种植 3500～5000 株，行距 40～50 厘米，株距 33～40 厘米。秋季大白菜早熟品种每亩种植 2500～4000 株，行距 50 厘米，株距 33～50 厘米；中晚熟品种每亩种植 1800～2700 株，行距 60厘米，株距 60 厘米。

（四）大白菜"干烧心"的防治

大白菜"干烧心"也称夹皮烂，外观上无异常，但内部球叶变质，不能食用。正常情况下，白菜体内钙含量在0.08‰以上，但由于根系功能失调或其他原因，导致钙元素无法输送到正在生长的叶尖部，从而引起"干烧心"的生理性障碍。土壤中活性锰的严重缺乏也会引起大白菜"干烧心"现象。

防治方法：

（1）有机肥要充分发酵后均匀施用，化肥应分期分批追施。

（2）采用高畦直播方式，小水勤浇，畦面保持见湿见干状态。

（3）发现"干烧心"现象时立即浇水，并喷洒0.7%氯化钙溶液和萘乙酸2000倍液的混合液，或1%过磷酸钙溶液，或0.7%硫酸锰溶液，每隔5～7天喷1次，连续喷3次。

（4）严禁浇灌工业污水。

（五）大白菜黑腐病的防治

黑腐病是一种对白菜类蔬菜生产危害较大的病害，主要危害大白菜、小白菜。大白菜子叶染病后呈水浸状，根髓变黑，幼苗枯死。成株染病后会形成叶斑或黑脉，叶斑多从叶缘向内扩展，形成V字形黄褐色枯斑。有时病菌沿叶脉向里扩展，形成大块黄褐色斑或网状黑脉。叶帮染病后，病菌沿维管束向上扩展，呈淡褐色，造

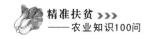

成部分菜帮干腐,导致叶片歪向一边,出现离层脱落现象。

防治方法:

(1)与非十字花科蔬菜轮作 2~3 年。

(2)对种子进行消毒,用 45% 代森铵水剂 300 倍液浸种 15~20 分钟,冲洗后晾干播种。

(3)发病初期用 72% 农用链霉素 3000~4000 倍液或新植霉素 4000 倍液进行喷雾防治。

33 水生蔬菜有哪些类型? 适合在哪些地区种植?

一、水生蔬菜的类型

水生蔬菜是指在淡水中生长的,其产品可作蔬菜食用的维管束植物。我国水生蔬菜包括莲藕、茭白、芋、蕹菜、荸荠、慈姑、水芹、菱角、豆瓣菜、莼菜、芡实、蒲菜以及蒌蒿等 13 种,均具有很高的营养价值和药用价值(其中部分是重要的药材)。

二、适合种植水生蔬菜的地区

水生蔬菜多利用低洼水田或浅水湖荡、河湾、池塘等淡水栽培,也可采取圩田灌水栽培方式。其主要产地在水、热、光等资源比较丰富的长江流域及长江以南地区,主要包括湖北、江苏、浙江、湖南、江西、广西、福建等省、自治区,其品种资源之多,产品之丰富,在世界上居于首位。

34　莲藕的种植技术要求有哪些？

（一）种植时间

一般来说，常下雨并且炎热的季节适合莲藕的生长，不同地区种植时间有所差异，莲藕一般在当地平均气温上升到15℃以上时定植。长江中下游地区一般在4月上旬定植，华南、西南地区相应提前15～20天，华北地区相应延后15～20天。浅水田栽培密度由品种、土壤肥力条件而定，一般早熟的品种密度要大一点，晚熟的品种密度要小一点。定植时先将藕种按一定的株距、行距摆放于田间，栽培时将藕种前部斜插于泥中，尾部露出水面。藕种要随挖、随栽，应选择土层深厚、富含有机质的黏质土，或中性、微酸性土壤。

（二）施肥

（1）施基肥。栽种前做好田块清洁，深耕25～30厘米。每亩施腐熟厩肥3000公斤、磷酸二铵60公斤及复合微生物肥料180公斤。第一年种植莲藕的田块，每亩宜施生石灰70公斤左右，每3年施一次。

（2）施追肥。栽种后第30天、第60天分别施一次追肥，每亩施复合肥20公斤和尿素13公斤。以采收老熟的枯荷藕为目的时，于定植后第80天第三次施追肥，每亩施尿素和硫酸钾各10公斤。施肥前宜将田间水深降低，施肥后应及时浇水冲洗叶片上留存的肥料，以防止灼伤叶片。

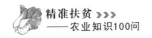
（3）种植要求。栽种时，栽培行距1.8～2.2米、穴距1.5～1.8米。每穴放整藕1支或子藕2～4支，或者按照定植穴在行间呈三角形排列放置藕种。种藕藕支按10°～20°角度斜插入泥土，藕头入泥5～10厘米，藕梢翘露出泥面。田块四周边行定植穴内藕头全部向内，定植行分别从两边相对摆放，至中间两条应将行间的距离加大至3～4米。应注意根据具体水深、品种、土壤肥力等条件对定植密度进行适当调整。

不同时期田间水的深浅控制：栽种时至萌芽阶段水深3～5厘米，开始抽生立叶至封行前水深5～10厘米，封行至结藕期水深10～20厘米，结藕期至枯荷期水深5～10厘米，莲藕留地越冬期间水深3～5厘米。

（三）留种

莲藕留种时，种藕要在藕田中越冬。越冬期间，田里要保持一层浅水，不能干燥、冻裂。在不能经常保持浅水处，要用稻草覆盖以防寒。第二年栽藕前挖出种藕，随挖、随栽。通常1亩留种田，可供5～6亩地用种。连作藕田留种时，在采藕时，用"采八留二"的方法留种，即每采2米宽藕田的藕，留0.5米宽不采，作为第二年的种藕，以后各年轮换采收和留种部位。

同一块田连续几年用于繁种时，应繁殖同一品种，更换品种时应先种植其他种类作物1～2年。采挖种藕时，应根据皮色、芽色、藕头与藕节形状等进行去杂处理。

采藕运输时，同一品种应单独贮藏、包装和运输，并做好相应的标记，注明品种名称、繁殖地、供种者、采挖时间、数量及种藕级别等。

（四）病虫害防治

（1）莲藕腐败病：选用抗病品种，栽植无病种藕，实行水旱轮作。种藕栽种前用 50％多菌灵可湿性粉剂 800 倍液浸泡 1 分钟。栽种后，及时拔除病株。

（2）莲藕褐斑病：每亩用 50％多菌灵可湿性粉剂 75 克兑水 60 公斤，或用 77％可杀得 130 克兑水 60 公斤，于发病初期进行喷雾处理。

（3）斜纹夜蛾：用黑光灯或频振式杀虫灯诱杀成虫，或用糖 6 份、醋 3 份、白酒 1 份、水 10 份及 90％敌百虫 1 份调匀配成糖醋液诱杀成虫；人工摘除卵块或捕杀转移为害前的幼虫。转移后的幼虫实行挑治，每亩用 BT（苏云金杆菌）可湿性粉剂 40 克水 50 公斤进行喷雾防治，或用 2.5％溴氰菊酯乳油 60 毫升兑水 60 公斤进行喷雾防治。

（4）蚜虫（莲缢管蚜）：用黄板诱杀有翅成虫，或每亩用 40％乐果乳油 75 克兑水 90 公斤进行喷雾防治，或每亩用 50％抗蚜威可湿性粉剂 20 克兑水 60 公斤进行喷雾防治。

（5）克氏原螯虾（小龙虾）：在定植前 7 天，每亩用 2.5％溴氰菊酯乳油以 50∶1 的比例兑水后均匀浇泼 1 次，田间水深保持 3 厘米。

（6）稻根叶甲：采用水旱轮作方式，清除田间和田边的眼子菜、鸭舌草等杂草，或放养泥鳅、黄鳝等捕食稻根叶甲幼虫。5 月初，每亩用 5％辛硫磷颗粒剂 3 公斤

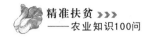
加入 50 公斤细土内拌匀,施入莲藕植株根际;或将茶子饼渣和汁液均匀浇泼于田间。

（7）福寿螺:首先,宜人工捕杀虫卵和成螺。其次,可以每亩撒 5~10 公斤茶麸或桐麸,或 70 克百螺敌,或 6%四聚乙醛颗粒剂 0.5 公斤。

（五）防治杂草

栽种前,结合翻耕整地清除杂草。栽种后至封行前,人工拔除杂草。发生水绵危害时,于晴天用 5 毫克/公斤的硫酸铜(水体浓度)浇泼水面,每 7 天 1 次,共 2~3 次。

需要说明的是,莲藕田应谨慎使用除草剂。如果一定要选用除草剂,首先,要求仔细阅读有关除草剂的说明书,选择适宜种类的除草剂和使用方法;其次,在大面积使用前,要求先小面积试用,并观察一段时间。

35 如何选择籽莲品种？籽莲一般在什么时候采收？

一、籽莲品种的选择

籽莲应选用通过省级农作物品种审(认)定或登记的品种,或优良地方品种,如鄂子莲 1 号、太空 36 号、建选 17 号、建选 35 号等。

二、籽莲的采收时期

籽莲一般以鲜食为主,在青子期采收,要求味甜肉脆、籽粒饱满、新鲜色绿。在 6~9 月实时采收新鲜莲蓬上市。6月是莲蓬初采期,莲蓬数量少,隔3天采1次;7~8月是盛产期,隔1天采1次;9月为终采期,天气变凉,莲蓬成熟缓慢,3~4天采1次。为了保持莲子的新鲜,一般在上市前一天下午或当天凌晨采收。鲜食莲子应在莲心老化之前采收,否则会变苦,因此采收的时间尤为重要。

以加工通心白莲为目的的莲子,宜于紫褐子期采收。紫褐子期的莲子果皮带紫褐色,莲子和莲蓬之间部分分离。采收后去莲壳(果皮)和种皮,捅除莲心(胚芽),洗净沥干。之后,宜先置于80~90 ℃条件下烘至莲子发软,后置于60 ℃条件下烘干至含水率不高于11%。

以采收壳莲为目的的莲子,宜于黑褐子期采收,采收后露晒5~7天。

36 如何选择藕带品种? 藕带一般在什么时候采收?

一、藕带品种的选择

藕带应选用通过省级农作物品种审(认)定或登记的品种,或优良地方品种。通常宜选藕带兼用型藕莲品种,如00-26莲藕、鄂莲8号及武植2号等,以及籽莲品种,如鄂子莲1号、太空36号、建选17号及建选35号等。

二、藕带的采收时期

藕莲藕带宜于5月中旬至8月下旬采收;籽莲藕带

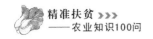
宜于定植后第2年开始采收,采收期宜为4月至6月下旬。藕带的适宜采收期具体应以"藕带伸长量足够大且顶芽芽鞘未开裂"为准。宜通过试验性采收,找准立叶叶片卷折和开展状态与藕带适宜采收期的对应关系,进而根据立叶叶片的卷折和开展状态,判断藕带是否适宜采收。

37 茭白有哪些品种? 一般在什么时候采收及留种?

一、茭白品种

单季茭白只能在秋季形成茭白产品,双季茭白能在秋季和夏季形成茭白产品。单季茭白宜选用鄂茭1号、鄂茭3号及群力茭等品种,双季茭白宜选用鄂茭2号、鄂茭4号、小蜡台及广益茭等品种。

二、茭白采收及留种

(一)茭白采收

当孕茭部位明显膨大,叶鞘一侧被肉质茎挤开1.5~2厘米宽的缝隙时即可采收。秋茭2~3天采收一次,夏茭1~2天采收一次。茭白采收后,宜采用凉水(如井水)浸泡保鲜。

(二)茭白留种

茭白在生产上强调年年选种。茭白选种是茭白生产的关键技术环节之一。

夏季定植用种苗,主要在每年秋荚成熟期选种留墩,并做好标记。选择种墩的标准为,具备品种固有典型性状、无雄荚、无灰荚、荚管低、结荚整齐、结荚早等特征,单株首次采收的结荚数不少于 4 个。选留种墩数量以翌年拟定植的大田面积为依据,一般每亩选留350～400 个种墩。待荚白植株地上部分枯萎后,齐泥割除植株地上部分,挖出留种种墩。春季大田定植用的种墩宜集中寄秧越冬,如无条件寄秧,也可将挖出的种墩原地保存。

夏秋季定植用种苗的选种时间是 5 月至 6 月中下旬。应选择夏荚结荚早、多、齐,结荚部位低而且品种特征典型的植株,选留对象为春夏季发生但未孕荚的分蘖。将入选分蘖单个从基部连根拔下,在专门的寄秧田内假植。假植要比实际定植用苗略多,以备秋季大田补苗。采用该方法选种时,若在上一年秋季采收时配合进行秋荚选种,则效果更好。

秋季选种留墩时,要求单株首次采收时的结荚数不少于 2 个,结荚整齐,荚管较低,品种特征典型。对入选种墩做好标记,留待翌年夏季复选,即夏季选种时只在上一年标记的植株上选取分蘖。夏季选留的种苗,一般在当年 6 月下旬至 8 月初定植。

38 芋种植有哪些要求?

(一)种植时间

芋的生长期较长,应适当早播,以延长生长期。由

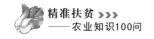

于芋不耐霜冻,所以播种期应以出苗后不受霜冻为前提。保护地栽培可提早 15～20 天播种;露地栽培时,各地播种期一般最好不要迟于适宜播种期后的 1 个月。

(二)种植要求

芋田忌连作,连作会影响根的生长和分球,且会导致根部腐烂严重。经调查得知,一般连作两年芋头产量下降 30％左右,连作三年可减产 50％以上,且连作后芋头商品性极差,芋连作已成为制约农民增产增收的问题。因此,如何确定芋种植制度,已成为推广芋标准化生产亟待解决的问题。

芋田种植实行水旱轮作、间作等模式,不仅可使芋头病虫害减少,而且芋头产量有较大提高,品质有较大改善,单位耕地面积的经济收益显著提高。

目前比较成功的芋田轮作模式有:

(1)芋—水稻轮作,浙江等地常采用此模式,芋选早熟品种。

(2)芋—茭白轮作,福建等地冷浸田种植水稻效益较差,而槟榔芋、茭白都是耐阴喜渍的作物,冷浸田种植槟榔芋、茭白,既可利用冷浸田丰富的水资源,变水害为水利,又可促进农民增产增收。

(3)毛芋—玉米轮作,浙江等地常采用这种模式。

(4)春花椰菜—夏芋头轮作,福建高山地区充分利用丰富的地理资源,示范推广了春花椰菜—夏芋头一年两茬创新种植模式。

（三）良种繁育

生产中,芋是无性繁殖作物。长期无性繁殖会导致各种病害侵染,特别是病毒积累逐年加重,会造成芋头产量下降、品质变劣、种性退化,甚至绝种。

目前采用脱毒芋作种生产,在一定程度上解决了上述问题,并可提高产量 20％左右。另外,脱毒种芋可节约种芋繁殖用地,有利于良种的推广,不仅可降低用种成本,还能解决种芋安全越冬等难题。

39 荸荠一般在什么时候采收? 留种的标准是什么?

一、荸荠采收时期

一般 12 月以后为荸荠采收的最佳时期,此时的荸荠球茎内含糖量高,皮色较深,鲜食或罐藏都比较适宜。荸荠采用人工或机械采收,采收时尽量避免机械损伤。

二、荸荠留种标准

荸荠留种时,应选择地上部分群体生长整齐一致、无倒伏且无病虫害的田块为留种用田,在整个生育期进行多次挑选,淘汰弱株、病株、劣株,以及与品种本身特征有差异的植株。冬前贮藏越冬的荸荠,采收时进行复选,在留种田中选择无病虫伤口、未破损,球茎饱满整齐,厚度、色泽、皮色一致,且符合品种特性的球茎。如果选择在田间越冬,荸荠种应待翌年采收时复选。

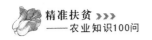

40 慈姑适宜在什么时候栽培？

慈姑大田栽培时间一般在 6～8 月,然而各地根据前茬作物不同,其栽培时间略有不同,大致可分为早水(茬)慈姑和晚水(茬)慈姑。近年来由于晚水慈姑前茬可接早稻、早藕,可充分利用土地,经济效益高,因此晚水慈姑栽培面积相对早水慈姑有不断扩大的趋势。

早水慈姑一般于 3～4 月育苗,6～7 月栽植。长江流域于 3 月中下旬备秧田,4 月上旬取留种顶芽或球茎在温室或大棚催芽,4 月下旬至 5 月上旬秧田育秧,6 月中旬至 7 月上旬起秧定植,秋季开始采收。

晚水慈姑一般于 7 月下旬至 8 月上旬定植。江浙地区栽培晚水慈姑面积甚大,多以早稻为前茬作物,于 6 月下旬至 7 月下旬取贮藏的种用球茎播种育苗,苗龄约 30 天,7 月下旬至 8 月上旬定植,12 月以后采收。华南、长江中下游地区多于春季育苗,通过控制肥水来促发分株,可扩大繁殖 3～5 倍,7～8 月分株具 3～4 片叶时,分期定植于大田。

41 芡实如何去皮？菱角在生产上如何合理安排茬口？

一、芡实去皮

(一)苏芡去皮

苏芡果实无刺,去皮比较方便,可用手剥开果皮或用刀剖开果皮,从中取出种子。

(二)刺芡去皮

刺芡果实有刺,去皮比较困难,一般用两种方法去皮:

(1)挤压法,即用小刀从果实基部插入,置于木凳上,上放小木板,用脚踩紧,用小刀撬开果实基部,即将种子挤出。此法比较费工,但所得种子质量较好。

(2)沤洗法,即将采收的果实堆放在水泥池或土坑内,堆至约80厘米高后,盖上稻草,浇水沤闷,每隔5天左右翻动一次,十多天后,果皮沤烂,即可分批装入箩筐内,用清水淘洗干净。

二、菱角茬口安排

一般生产上通常采取以下三种方式安排菱角茬口:

(1)菱、芡实与养鱼轮作模式,每年一熟制,适合于长江流域及其以南地区,菱和芡实均须选用耐深水的品种。先种菱,一般种植3~4年,植株生长衰退、产量降低后,改种芡实,种植2~3年后可再放养鱼。养鱼的类型宜为草食性鱼类。草食性鱼类可觅食芡实苗、杂草等,为下一次种菱清除杂草。同时鱼类的排泄物又可改良水下土壤,为再次种菱提供优良的生态环境。养鱼2~3年后,可又重新种菱,进行下一次循环轮作。

(2)深水藕、菱和养鱼多年轮作模式,适合于长江

流域和华南地区。第一年春季种植耐深水莲藕,秋冬采收,连续种植3~4年,然后改种菱,春季播种,种植3~4年,以后改为养鱼。

（3）菱、鱼间作模式,适合于长江流域及其以南各地的较深水域。在春季播种菱,播种量一般比单作菱减少1/4,待到菱苗出水,形成主茎菱盘和少数分枝菱盘时,才可向水中放养鱼苗,只能放养鲢、鳙、鲫、鲤等基本不食草的鱼种。需要注意的是,对菱的病虫害防治,要禁用对鱼类有毒害的农药。

42 如何利用水芹进行芹芽栽培?

利用覆膜方式生产芹芽,省工、效益高,是值得推广的芹芽种植方式。一般8月底选择地势平坦的水田,施入有机肥并耙耕整平,之后将水芹种茎段均匀撒于田内,保持一层薄水。11月中旬至12月（根据水芹上市时间确定具体覆盖时间）,水芹植株长至35厘米以上时,采用黑膜或者透明农膜覆盖于畦面上,沿着同一方向轻轻压倒水芹植株,再在上面覆盖10厘米左右厚的谷壳或稻草,以谷壳为最佳。芹芽产品一般以20~30厘米长为最佳。一般气温比较高时,15~20天后即可采收芹芽;当气温比较低时,40天后采收芹芽。

43 哪些地区有种植豆瓣菜？豆瓣菜在什么时候采收？

一、豆瓣菜种植地区

豆瓣菜别名西洋菜、水田芥等，属十字花科，为一或两年生水生草本植物，原产于地中海东部，后引种至中国栽培，福建、台湾、四川、云南、湖北、广东、广西、上海等省、自治区、直辖市都有栽培，其中以广东省栽培历史最久，栽培面积最大。

二、豆瓣菜采收时期

豆瓣菜通常在定植后 30～40 天，株高 25～30 厘米时开始采收。采收方法有两种，其中一种是逐渐采摘嫩梢，捆扎成束。另一种是隔畦成片齐泥收割，收一畦，留一畦，收后洗净污泥，除去残根黄叶，逐把理齐捆扎。同时，将残根老叶踏入泥中，浇一次粪水，将邻畦未收割的植株拔起，分苗重新栽植。全年可采收 4 次。

豆瓣菜以其嫩茎叶供食用，质地脆嫩，色泽青翠，既可做羹汤，也可供凉拌生食，清香可口，营养丰富。

【第二章】
作物栽培

44 草莓的田间管理有哪些要求？

草莓幼苗一般于 9 月下旬至 10 月上旬移栽,定植前用 5 毫克/升的萘乙酸浸泡根系 2 小时,并剪除部分老叶和黑色老根。栽后浇 1 次透水,一周后查看苗是否成活,并及时补缺。

苗成活后,视苗生长情况施速效肥,可促进花芽分化,以薄施、勤施为原则。草莓从定植至开花约 40 天,开花前后各追施 1 次肥,每亩施三元复合肥 18 公斤、硫酸钾 5 公斤。采收 6~8 次果以后,再追施 1 次肥,每亩施三元复合肥 13 公斤。及时摘除老叶、病叶、匍匐茎,以减少养分消耗。

疏花在开花前的花蕾分离期进行,对高节位花进行适量疏蕾,使每花穗结果不超过 18 个,保留生长旺盛、花柄较粗的第一穗花蕾。

疏果在幼果期进行,每株留果 12~18 个,疏去果梗过短、果实不会长大和果实黄豆大时已经畸形的果以及病虫果。

45 向日葵的种植要求有哪些？

　　油用向日葵最适宜的播种期为 3 月中旬至 4 月中旬,食用向日葵播种期为 4 月中下旬。通常可通过调节播种期来调节向日葵的开花期,使其开花后 20 天能避开高温、多雨、干热风的天气,达到授粉良好,提高结实率的目的。

　　当幼苗长出两对真叶时进行定苗。出苗到现蕾期进行 2～3 次中耕除草,最后一次应深耕培土,防止倒伏,注意不能伤根。现蕾、开花、灌浆期各浇水一次。现蕾至开花期,每公顷追施尿素 150 公斤,沟施或穴施;盛花期喷施 0.2%～0.4% 的磷酸二氢钾溶液。

　　向日葵是异花授粉作物,故还要进行人工辅助授粉,授粉时间一般为 9:00～11:00,一般可授粉 2～3 次。

46 西瓜、甜瓜育苗怎么操作？

　　利用大棚或小棚进行西瓜、甜瓜早熟或秋延后设施栽培时,苗期正逢早春低温或夏季高温,自然环境条件不利于出苗和幼苗生长,为更好地进行设施栽培,必须确保培育壮苗,育苗是关键技术环节。

　　根据育苗季节不同,育苗可分为冬春季育苗、夏季育苗等;根据育苗方式不同,育苗可分为自根苗育苗和嫁接育苗等。嫁接技术要求较高,可选择正规育苗公司

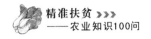

采购嫁接苗。

一、冬春季育苗

(一)苗床设置

3月播种时,大棚的增温效果可以达到育苗要求,若在1~2月播种,则需要增加电热温床。电热温床要求底部平整,上铺15厘米厚的细土,踏实后均匀排布电热线,间距10~15厘米,电热线上再铺1~1.5厘米厚的细土。使用电热线时应先详细阅读说明书并遵守有关安全用电规则。

(二)营养土配制

营养土一般由未种过瓜类作物的大田土或园土与腐熟厩肥按一定比例混合配制。要求含有适量的营养成分,具有良好的保肥、保水、通气性,无病菌、虫卵和杂草种子等。每立方米土加过磷酸钙1公斤,75%甲基托布津粉剂80克或50%多菌灵粉剂100克。一般采用高10厘米、直径8厘米的塑料营养钵,也可以自制相应规格的纸钵。摆放时钵要相互挤紧。

(三)种子处理与播种

可在定植前30~35天对种子进行消毒处理,种子消毒常采用温汤浸种或药剂处理的方法。有一些西瓜、甜瓜品种的种子进行了包衣处理,则无须再进行种子处理。播种前将营养钵浇透水,将种子芽尖向下平放,覆盖约1厘米厚干细土。苗床面铺一层地膜,苗床上搭建小拱棚,覆盖薄膜保温。

（四）苗床管理

白天充分增加光照,夜间保温,将苗床温度控制在28～30 ℃之间。出苗后及时撤除苗床面上的薄膜,加强苗床通风。定植前一周左右炼苗,主要防治猝倒病、炭疽病等。

二、夏季育苗

夏季育苗时,气温往往超过西瓜、甜瓜生长的适宜温度,加之雨水多、湿度大,病虫害较易发生。因此,夏季育苗工作的重点是防高温、防雨涝、防治病虫害。

夏季气温高,宜选择在地势较高、通风性好的地块育苗。为了防雨,苗床一般设在大棚内,采用高畦或半高畦栽植。

夏季育苗种子处理与冬春季育苗时类似,但要注意播种后苗床面不能盖膜,为了保湿,可覆盖旧报纸或无纺布。

 西瓜、甜瓜设施栽培有哪些技术要求?

一、西瓜小棚双膜覆盖栽培

小棚双膜覆盖栽培,设施简单、成本较低,是目前应用最普遍的设施早熟栽培方式。即在栽植畦上覆盖一

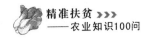
层地膜,然后在畦面上插拱架,并覆盖薄膜,可提早定植、提早收获。一般小棚双膜覆盖栽培采收期可提前到5月下旬至6月上旬,有较好的早熟效果。其技术要求具体包括以下几个方面:

(1)选择早熟品种,应具有较强的耐低温弱光性。

(2)选择地下水位较低、排水良好、未种过瓜的地块,做好排水沟。重施基肥,基肥用量约占总用肥量的一半。多使用有机肥,在有机肥充足的条件下,可在耕地时全面撒施有机肥,然后翻入土中,作垄时再施入部分速效肥。

(3)作高畦,宽畦连沟4~4.5米,沟宽约60厘米,瓜苗定植在畦的两侧;窄畦连沟2~2.5米,瓜苗定植于畦的一侧或中间。定植前一周覆盖地膜和小棚膜,以提高地温。铺地膜时注意膜要紧贴地面。小棚结构应尽量采用较大跨度。

(4)长江中下游地区,一般在3月中下旬至4月初定植,适当密植。通过揭膜通风来实现对棚内温度的控制,随气温升高由小到大逐渐加大通风量。开花坐果期间顶部拱棚主要用于遮雨。

(5)采用双蔓整枝方式,按瓜蔓方向顺蔓或压蔓。开花时进行人工辅助授粉,通常在7:00~9:00进行。坐果后及时疏果,每株留1个瓜,果实成熟后适时采收。

二、西瓜大棚早熟栽培

利用大棚进行西瓜早熟栽培,不仅便于管理,更有利于达到早熟效果。在大棚双膜(地膜和大棚膜)覆盖的基础上,逐渐发展形成大棚多层覆盖早熟栽培模式并日趋普及。通过多层覆盖方式,大棚西瓜一般较露地栽培西瓜早定植 2 个月,上市期提前 40～50 天,产值是露地栽培西瓜的 2～3 倍。西瓜大棚早熟栽培技术要求具体包括以下几个方面:

(1)选择早熟优质品种,应具有较强的耐低温弱光性,且植株长势稳健,易坐果。冬闲大棚应在入冬前深耕冻垡。若利用越冬蔬菜种植棚,应在定植前 10 天清园,并进行深耕晒垡和大通风,然后将底肥的一半全面撒施,翻入土中,整平后开沟集中施肥和作畦。南方地区作畦时,沿棚长度方向作畦面宽 2～2.5 米的高畦。在垄中间顺瓜行开浅沟,灌水造墒(地下水位高或土壤潮湿时无须开沟灌水)。待水下渗后,再将垄恢复,并平整畦面,使之成为中间稍高的龟背形,随即扣上地膜以提高土温。底肥用量,一般每亩施优质厩肥 4000～5000 公斤。

(2)西瓜大棚早熟栽培季节性强,必须提前育苗,培育有 3～4 片叶的大苗。长江中下游地区一般在 2 月中旬至 3 月上中旬定植。西瓜大棚早熟栽培种植密度较高,一般采用三蔓整枝方式,每亩定植 500～600 株。缓苗期需要较高的温度以利于活棵,需采取多层覆盖等措施以提高棚内温度。进入伸蔓期后,注意通风换气与排湿。大棚西瓜应严格进行整枝打杈,一株的瓜蔓应向同一个方向生长。在地膜下铺设滴灌软管,由水泵(或压

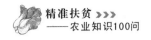
力蓄水池)提供压力,将水肥均匀输送到植株。

(3)人工授粉操作同西瓜小棚双膜覆盖栽培。

(4)在施足底肥的情况下,坐瓜前可不追肥,开花坐瓜期可根据瓜秧的生长情况,向叶面喷两次0.2%磷酸二氢钾溶液。坐瓜后及时追肥,结合浇水,每亩施三元复合肥30公斤左右或尿素20公斤、硫酸钾15公斤。果实膨大盛期再随浇水施肥一次,每亩施尿素10~15公斤,保秧防衰,为结二茬瓜打下基础。在头茬瓜采收、二茬瓜坐瓜后,结合浇水再施肥一次,每亩施尿素10~15公斤,硫酸钾5~10公斤,同时叶面追肥1~2次。西瓜"定个"后,停止浇水,二茬瓜坐住后及时浇水,收瓜前一周停止浇水。

三、西瓜大棚秋延后栽培

秋延后西瓜于夏季播种、秋季采收,市场价格较高、效益好。但由于秋延后西瓜生长前期要经历高温,后期环境温度趋低、光照渐弱,易发病虫害,因此,对栽培技术要求较高。

(1)种植秋延后西瓜,要选择耐高温、抗病性强、生育期中等、长势稳健、果实发育快、膨果性好的品种。

(2)长江中下游地区在7月中下旬播种,可以直播。但因苗期持续高温高湿,难以保苗,因此宜集中育苗。苗龄10天左右,幼苗具有两叶一心时带土移栽,采用双蔓整枝,其管理同西瓜大棚早熟栽培管理。

(3)秋延后西瓜病虫害普遍较严重,前期高温干旱易发生病毒病,后期易发生炭疽病、白粉病等;虫害主要有蚜虫、白粉虱、红蜘蛛等。田间管理要控制棚内湿度,降低病害发生概率,搞好园区卫生,减少虫源,注意勤观察、早防治,防止病虫害蔓延爆发。

四、西瓜大棚长季节栽培

(1)西瓜大棚长季节栽培,在高温期不进行拉秧清茬处理,而是通过水肥调节保持植株长势,使植株顺利度过高温期,在秋季凉爽季节再继续坐果,从而延长西瓜的生长期,使采收次数增加到4~6次。

(2)在选择产地时应着重考虑排灌条件,要求雨季能及时排水,防止雨涝;又要有较好的灌溉条件,水肥管理要求较高,通过滴灌软管浇水或施肥。西瓜大棚长季节栽培所用大棚,在生产前期至少要达到三膜(地膜、小棚膜、大棚膜)覆盖的要求。如果定植期选择在2月上旬之前,则需要达到三棚四膜覆盖的设施要求。

(3)西瓜大棚长季节栽培前期气温低,后期气温高,因此要选择既耐前期低温又耐后期高温且品质佳的品种。目前生产上主要应用的品种为早佳8424,适当稀植,行距为2.5~3米,株距为0.8~1米,一般每亩定植220~250株。加强水肥管理,保持植株长势,合理调节坐果量。7~9月高温期一般不授粉、不坐果,以保持植株长势为主。在棚温超过35 ℃时要采取降温措施,包括加大通风量,覆盖遮阳网,在棚膜上涂抹泥浆等,并适当浇水。

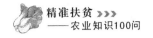
(4)西瓜大棚长季节栽培模式下病虫害发生较多,易发的病害主要有蔓枯病、炭疽病、疫病、白粉病、枯萎病等,易发的虫害主要有蚜虫、红蜘蛛、蓟马等。

五、小果型西瓜设施栽培

(1)小果型西瓜多采用大棚多层覆盖早熟栽培方式,需提早育苗、提早定植。育苗期间需使用增温、补光设备,加强苗床温度、光照、湿度管理。

(2)多采用多蔓整枝方式,定植时密度不宜过大,爬地栽培一般每亩定植400～600株,吊蔓栽培可以提高密度至每亩1000～1200株。6叶期摘心,子蔓抽生后保留3～5条伸长相近的子蔓,使其平行生长,摘除其余的子蔓及坐果前子蔓上形成的孙蔓。小果型西瓜前期生长势较弱,后续生长势转强,在雌花开放时及时授粉以促进坐果,避免植株徒长。

(3)小果型西瓜对肥料的需求量较少,果皮较薄,易裂果。在施足基肥、浇足底水和重施长效有机肥的基础上,头茬瓜采收前原则上不施肥、不浇水;第二茬瓜开始膨大时追肥,每亩施三元复合肥20～25公斤;第三茬瓜开始膨大时,同样追肥,并适当增加浇水次数。

六、薄皮甜瓜小棚覆盖栽培

小棚覆盖栽培的薄皮甜瓜可较露地栽培方式提早上市30～40天,较单层地膜覆盖栽培方式提早上市15～20天,种植效益较好。

薄皮甜瓜小棚覆盖栽培技术要求具体包括以下几个方面：

（1）选择具有较强的耐低温性、耐湿性、抗病性，且易坐果，果实膨大快，早熟、优质、产量高的品种。

（2）选择通透性好、土层深厚、土壤肥沃、土质疏松、三年未种过瓜类的沙壤土或壤土种植。冬季前深翻冻垡，春季结合整地施入基肥。整地前每亩撒施腐熟厩肥3000公斤，然后深翻整平。按定植行距开施肥沟，沟内浇足底水，并在沟内集中施肥，每亩施腐熟厩肥1500～2000公斤或腐熟鸡粪500～800公斤、过磷酸钙40公斤、尿素10公斤，再在施肥沟上方起垄作畦，畦宽2～2.5米（含0.5米宽的沟），垄不宜过长。整平畦面后覆地膜，地膜两侧用土封严，插好拱架，扣膜暖地。

（3）在3月中旬至4月初定植，每亩栽植700～1500株。定植初期重点是防寒保温。采用多蔓整枝方式，当幼苗长出4～8片真叶时主蔓摘心，选留3～5条健壮子蔓，均匀引向四方，其余子蔓摘除。以子蔓中上部长出的孙蔓坐果，坐果孙蔓留2～3片叶，摘心子蔓长至适当部位时摘心。每条子蔓留1～2个幼果，每株留4～5个瓜。一株多果，连续坐果，收获期长，应多次追肥以保持植株长势。伸蔓期在地膜边沿开浅沟，每亩施尿素5～10公斤，过磷酸钙10～15公斤，施后覆土盖严；果实坐住后，在离根30厘米处打孔追肥，或将肥料溶于水中随水冲施，每亩施尿素5～8公斤、过磷酸钙5公斤、硫酸钾10公斤，或者三元复合肥10公斤。甜

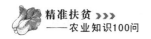
瓜茎叶满园而难以打孔追肥时,可采取根外追肥方式,每隔 7 天左右喷施 0.3％磷酸二氢钾溶液。果实成熟后及时采收。

七、厚皮甜瓜大棚早熟栽培

(1)选用早熟或中早熟品种,应具有较强的耐低温性、耐湿性、抗病性。

(2)尽量早播种,确保在雨季到来之前采收上市。湖北地区厚皮甜瓜大棚早熟栽培一般于 1 月下旬至 2 月上旬播种。

(3)采用爬地栽培方式时,畦面宽 1.5～2 米,畦间沟宽 50 厘米。采用吊蔓栽培方式时,畦面宽 1～1.2 米,畦高 25～30 厘米,畦间沟宽 50～70 厘米。定植前覆盖地膜。

(4)厚皮甜瓜苗龄 30～35 天,幼苗具有 3～4 片真叶,棚内 10 厘米深土温稳定在 15 ℃以上时可进行定植。定植时,株距根据整枝方式和品种特性适当调整。爬地栽培,单蔓整枝时株距要小一些,以 20～30 厘米为宜,双蔓整枝时以 30～40 厘米为宜。吊蔓栽培,一般采用双行定植、单蔓整枝方式,也有少量采用单行定植、双蔓整枝方式,株距都为 40～55 厘米。株型紧凑的品种可适当密植,株型松散的品种则适当稀植。若基肥充分、土壤肥力高,则需适当稀植,否则需适当密植。

(5)若采用吊蔓栽培方式,当幼苗长出 6～7 片叶或蔓长达 30～40 厘米时需进行吊蔓管理。既可利用竹竿搭成人字架以固定瓜蔓,也可用尼龙绳或细麻绳牵引瓜蔓。吊蔓不要拉得太紧,要适当松一些。单蔓整枝,当主蔓长至25～30节时打顶,摘除坐果节位以下子蔓。双蔓整枝,每株甜瓜系两根吊绳,使两条蔓呈 V 字形向上生长。当幼苗长出 4 片叶时摘心,当子蔓长达 15 厘米左右时,选留 2 条健壮子蔓,其余子蔓全部摘除。然后在每条子蔓中部第 8～13 节处选留 3 条孙蔓作为结果蔓,每条结果蔓在雌花开放前,于花前保留 2 片叶进行摘心。在子蔓第20～25节摘心,摘除结果蔓以上的孙蔓。

(6)厚皮甜瓜整枝采用前紧后松的原则,即坐果前后严格进行整枝打叶。对预留的结果蔓,在雌花开放前3～5 天,于花前保留 2 片叶进行摘心。瓜胎坐住后,在不跑秧的情况下可不再整枝,任其生长,以保证有较大的光合作用面积,增强光合作用,促进瓜胎膨大。开花后进行人工辅助授粉,果实成熟后,带 T 形果柄和果梗采收。

48 西瓜、甜瓜主要病害如何识别与防治?

一、猝倒病

(一)病症

猝倒病是西瓜、甜瓜苗期的主要病害,在设施育苗时尤为常见。发病初期,在瓜苗茎基部近地面处出现水

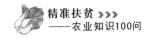
溃状病斑,接着病部渐渐变为黄褐色,幼茎干枯、缢缩,病苗因基部腐烂而猝倒,一拔就断。该病发展较快,常出现病苗已猝倒,而子叶仍为绿色,尚未萎蔫的现象。有时幼苗出土前就已染病,子叶变褐腐烂,造成缺苗。苗床中初期只见个别苗发病,几天后即以此为中心蔓延,引起成片幼苗猝倒。土壤湿度大时,被害幼苗病体表面及附近土表会生出一层白色絮状菌丝。

(二)防治方法

(1)将营养土晒干打碎,施入适量生石灰或草木灰调节酸碱度,可减少猝倒病的发生,减轻猝倒病的危害。

(2)在播种前一天用50%多菌灵可湿性粉剂500倍液浇透营养钵,待土面干后再播种;或者用50%多菌灵可湿性粉剂0.5公斤加上细土100公斤混合均匀,制成药土,播种后用药土盖住种子。

(3)将苗床设在地势较高处,控制苗床浇水量,采用覆盖干细土、增加通风等措施,降低苗床湿度。

(4)若在苗床中发现病株应及时拔除,防止病害蔓延,并用64%杀毒矾可湿性粉剂500倍液或58%瑞毒霉锰锌可湿性粉剂600倍液、50%多菌灵可湿性粉剂500倍液进行喷雾处理。

二、立枯病

(一)病症

立枯病是西瓜、甜瓜苗期的常见病。种子出苗前染病可造成烂种、烂芽。出土的病苗在近地面处幼茎上形成黄褐色椭圆形或长条形病斑。初期幼苗白天萎蔫,夜间恢复;严重时,病斑绕周、凹陷、缢缩,病苗枯死,但病苗不易倒伏而呈立枯状。有时在病部及茎基周围土面可见白色丝状物。

（二）防治方法

参考猝倒病防治方法。

三、炭疽病

（一）病症

炭疽病在南方多雨地区发生尤甚,对西瓜、甜瓜稳产、高产影响较大。炭疽病在西瓜、甜瓜整个生长期均可发生,通常在 6 月中下旬至 7 月上旬雨季盛发。西瓜、甜瓜的茎、叶、果实均可发病。发病初期,叶片初现淡黄色斑点,呈水渍状,以后扩大成褐色圆形病斑,外晕为淡黄色,干燥后形成褐色凹斑。蔓和叶柄受害时,初为近圆形水渍状黄褐色斑点,后形成圆形褐色凹斑。在未成熟的果实上,病斑初呈淡绿色圆形水渍状。在成熟果上,病斑初期稍突起,扩大后变为褐色,并显著凹陷,上生许多呈环状排列的黑色小点,潮湿时其上溢出粉红色黏性物。

（二）防治方法

（1）选用健株果实的种子留种,如种子有带病嫌疑,可用 40％福尔马林 100 倍液浸种 30 分钟,或用硫酸链霉素加水稀释 100～150 倍浸种 10 分钟,清洗后播种。

（2）采用农业综合防治措施，实行轮作，合理施肥，增加磷、钾肥，提高植株的抗病能力；深沟排水，降低地下水位；畦面铺草等。

（3）根据常年的发病时期，定期喷药，雨季前后增加喷药次数和用量。可用75％甲基托布津可湿性粉剂500～700倍液或65％代森锰锌可湿性粉剂500倍液、80％炭疽福美可湿性粉剂800倍液、50％扑海因可湿性粉剂1000～1500倍液轮流进行喷雾防治，每隔7～10天喷1次，连续喷2～3次。

四、枯萎病

（一）病症

枯萎病是瓜类土传病害，也是西瓜、甜瓜生产中最严重的病害之一。该病在西瓜、甜瓜整个生长期均可发生，但以开花期和结果期发病最为严重。苗期发病，苗顶端呈失水状，子叶萎垂，茎基部收缩、褐变，苗株猝倒。成株期发病，植株生长缓慢，下部叶片发黄，并逐步向上发展。发病初期基部叶片白天萎蔫，早晚恢复，数天后全株叶片萎蔫，不能再恢复，叶片枯死，全株死亡。在病蔓基部，表皮纵裂，常有深褐色胶状物溢出，有时纵裂处腐烂，致使皮层剥离，随后木质部碎裂，因而很容易拔起；湿度大时，病部表面出现粉红色霉状物。发病初期，切断病蔓基部检查，可见维管束呈黄褐色。

（二）防治方法

（1）严格实行轮作，要求旱地轮作7～8年，水田轮作

3～4年。

（2）选用抗枯萎病、耐重茬品种。

（3）种子消毒可用70％甲基托布津可湿性粉剂1000倍液浸种1小时,或50％多菌灵可湿性粉剂500倍液浸种1小时,2％～4％的漂白粉液浸种30分钟,洗净后播种;也可用55 ℃热水浸种30分钟。

（4）利用瓜类枯萎病有明显的寄主专化型特征,采用葫芦、南瓜作砧木嫁接换根,是防治西瓜、甜瓜枯萎病的有效方法。

（5）在发病初期用50％苯菌灵可湿性粉剂或75％甲基托布津可湿性粉剂500～800倍液,50％代森铵水剂1000～1500倍液或10％双效灵水剂300～500倍液,在根际浇灌,每株用药250毫升,7～10天灌1次,连续灌3～4次。

五、蔓枯病

（一）病症

蔓枯病是西瓜、甜瓜的常见病害,植株地上部均可受害。叶片受害时,最初病斑为褐色小斑点,逐渐发展成直径1～2厘米、近圆形或不规则圆形的黑褐色大斑。叶缘受害,形成黑褐色弧形或楔形大斑,病部干枯,表面有时散生黑色小点,即病菌的分生孢子器及孢子囊梗。茎蔓受害,早期多发生在茎基的分枝处,出现水渍状灰

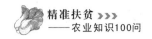

绿色病斑,并逐渐沿茎扩展到各节部。受害处初现椭圆形或短条形褐色凹陷斑,并不断分泌黄色胶汁,干后凝结成深红色至黑红色的颗粒胶状物,附着在病部表面,多密生黑色小点。茎受害严重时,病部以上的植株枯死。果实受害时,初现水渍状小斑,后扩大成圆形暗褐色凹陷斑。某些品种的果实上,病斑表面常呈星状开裂,内部呈木栓状干腐,稍发黑后腐烂,病斑上也可产生许多分散的黑色小点。

蔓枯病症状与炭疽病症状相似,其区别在于感染蔓枯病的植株,病斑上不产生粉红色霉状物,而是产生黑色小点状物;蔓枯病与枯萎病的区别是,感染蔓枯病的植株,病部茎蔓维管束不变色。

(二)防治方法

(1)选用无病的种子,播种前进行种子消毒处理。

(2)实行3年以上的轮作。加强田间管理,合理施肥,加强排水,注意通风透光,增强植株的生长势。

(3)及时清除、销毁病株残体。瓜地进行深耕、冬灌,以减少田间越冬菌源。

(4)药剂防治,可用70%代森锰锌可湿性粉剂500～600倍液或50%百菌清可湿性粉剂600倍液、75%甲基托布津可湿性粉剂800倍液、60%防霉宝可湿性粉剂500倍液,交替进行喷雾防治;也可用1:50甲基托布津或敌克松药液涂抹病部。

六、疫病

（一）病症

疫病又称疫霉病，危害西瓜、甜瓜的叶、茎和果实。苗期发病时，子叶上出现暗绿色水渍状圆形病斑，病斑中央逐渐变成红褐色，下胚轴近地面处出现明显缢缩，病苗很快倒伏枯死。叶片发病初现暗绿色水渍状圆形或不规则小斑点，并迅速扩大。湿度大时病斑扩展得很快，呈水煮状；干燥时病斑变为淡褐色，易干枯破裂。当叶柄和茎部受侵害后，出现纺锤状凹陷的暗绿色水渍状病斑，然后缢缩，病部以上全部枯死。果实受侵害后，出现凹陷的暗绿色水渍状圆形病斑，很快发展至整个果面，果实软腐，表面密生棉毛状白色菌丝。病菌主要以菌丝体、卵孢子和厚垣孢子的形式，在病残体、土壤和未腐熟的肥料中越冬，第二年通过雨水、灌溉水传播到寄主上。病菌发育的温度为 $5\sim37$ ℃，最适温度为 $28\sim30$ ℃。高湿是疫病流行的决定因素，长期阴雨、排水不畅、通风不良的田块上易发此病。

（二）防治方法

（1）实行 3 年以上轮作。冬季深翻晒垡，收获果实后及时清园。

（2）选择地势高、排水良好的田块种植，采取短畦、深沟形式，加强排水。

（3）前期促进根系的生长，及时整枝，防止生长过密，通风不良。

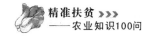

（4）药剂防治必须在病害蔓延前进行,可选用40％乙膦铝可湿性粉剂200～300倍液或64％杀毒矾可湿性粉剂500倍液、75％百菌清可湿性粉剂500～700倍液、75％甲基托布津可湿性粉剂500～800倍液,5～7天喷药1次,连喷2～3次,雨后需补喷。必要时还可用以上药剂灌根,每株灌药液250毫升,灌根与喷雾同时进行,防治效果明显。

七、白粉病

（一）病症

白粉病主要发生在西瓜、甜瓜生长中后期,以叶片受害最重,果实一般不受侵害。发病初期,叶片正、背面及叶柄产生白色圆形粉斑,以叶片的正面居多,并逐渐扩展成为边缘不明显的大片白粉区。严重时叶片枯黄,植株停止生长。以后白色粉状物逐渐转为灰白色,进而变成黄褐色,叶片枯黄变脆,但一般不脱落。

（二）防治方法

（1）加强田间管理,合理密植,及时整枝理蔓,不偏施氮肥,增施磷、钾肥,促进植株健壮生长。注意田园清洁,及时摘除病叶,减少病害重复传播蔓延的机会。

（2）药剂防治应在发病初期及早进行,可喷施15％粉锈宁可湿性粉剂1000倍液或75％甲基托布津可湿性粉剂1000倍液、75％百菌清可湿性粉剂500～800倍液,交替使用,每7～10天喷1次,连续喷2～3次。

八、霜霉病

（一）病症

霜霉病俗称跑马干、黑毛病，是甜瓜的毁灭性病害，主要危害叶片。发病初期，叶片上先出现水浸状绿色小点，后逐渐扩大，受叶脉限制形成多角形淡褐色斑块，病斑干枯易碎。潮湿时，病斑背面长出灰黑色霉层，后期霉层变黑。严重时病斑连片，全叶呈黄褐色，干枯卷曲，病田植株一片枯黄，病株果实变小，品质降低。

（二）防治方法

（1）加强田间管理，不偏施氮肥，及时除草，整枝打杈，控制浇水，防止植株徒长，增强植株抗性。

（2）及时摘除病叶，带出田外销毁。

（3）发病初期及早喷药防治，可用 40% 乙膦铝可湿性粉剂 300 倍液或 75% 百菌清可湿性粉剂 800 倍液、25% 瑞毒霉可湿性粉剂 600 倍液、50% 福美双可湿性粉剂 500 倍液，每隔 7～10 天喷 1 次，连续喷 3～4 次。霜霉病主要通过气流传播，发展迅速，易流行，喷药必须及时和均匀，同时加强栽培管理，这样才能起到较好的防治效果。

九、病毒病

（一）病症

西瓜、甜瓜病毒病分为花叶型、蕨叶型、斑驳型和裂脉型。花叶型病毒病的症状主要是，病叶黄绿相间，叶形不整，叶面凹凸不平，严重时病蔓细长瘦弱，节间短

99

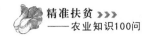

缩,花器发育不良,果实畸形。蕨叶型病毒病的症状主要是,心叶黄化,叶形变小,叶缘反卷,皱缩扭曲,病叶叶肉缺失,仅沿主脉残存,呈蕨叶状。

高温、干旱、强日照的环境条件,既利于蚜虫繁殖和迁飞,又利于病毒增殖,因而发病重;缺水、缺肥及田间管理粗放易发病;瓜田杂草丛生,以及附近种植蔬菜,病源多,也易发病。

（二）防治方法

（1）种子处理,即用10％磷酸三钠溶液浸种20分钟,可使种子表面携带的病毒失去活力。

（2）适时早播,大苗移栽,使西瓜、甜瓜生育期提前,避开蚜虫迁飞高峰期,减少病毒传染,以达到避病的目的。

（3）加强肥水管理。施足基肥,苗期轻施氮肥,在保证植株正常生长的基础上,增施磷、钾肥。当植株出现初期病状时,应增施氮肥,并灌水提高土壤及空气湿度,以促进植株生长,减轻病害。

（4）清除杂草和病株,减少病源。在整枝、压蔓时,健株和病株分别进行,防止人为接触传播病毒。

（5）及时防治蚜虫,尤其在蚜虫迁飞前要连续防治。

49 西瓜、甜瓜主要虫害如何识别与防治？

一、根结线虫

（一）症状

根结线虫寄生于植株的侧根或须根上,使根部形成根结,开始如针头大小,以后逐渐增生膨大,多个根结相连,呈节结状或鸡爪状、串珠状,表面粗糙,呈白色至黄白色,根结易腐烂。被寄生的根系发育不良,侧根短而少,植株地上部分生长势衰弱,植株矮小,影响结果,瓜果小、品质差,严重者叶落蔓枯。被根结线虫寄生的西瓜、甜瓜,出苗 5～7 天后就会在根上形成白色圆形根结,若根结密度过大,加之苗期缺水,则可导致幼苗急性死亡。

（二）防治方法

（1）以禾本科作物轮作 3 年以上。

（2）夏季前拉秧后漫灌,覆膜晒 5～7 天,使膜下 20～25 厘米土层温度升高至 45～48 ℃,甚至 50 ℃。高温、高湿(相对湿度 90％～100％)条件,可起到较好的杀虫效果。

（3）无病土、净肥、鸡鸭粪经高温堆制后施用。

（4）药剂防治,每亩用 D-D 混剂(熏蒸剂)20 升原液或 80％二氯异丙醚乳剂 1000 倍液 90～170 毫升施入瓜沟,覆盖熏蒸 7～14 天,然后在原沟栽瓜。用 90％敌百虫 800～1000 倍液或 3％灭线磷 300 倍液、0.6％灭虫灵 300 倍液灌根,每株用药 200 毫升。

二、黄守瓜

（一）症状

黄守瓜成虫为褐黄色小甲虫。成虫、幼虫均能产生危害,以幼虫危害瓜苗最重。成虫白天活动,在湿润的

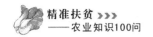
土壤中产卵,啃食叶片、花器和幼果。苗期盛发时可把幼苗全部吃光,造成缺株。幼虫在土中咬食细根或钻入主根髓部近地面茎内,导致瓜苗生长不良,以致枯死。

（二）防治方法

（1）成虫有假死现象,可利用其假死性,在清晨捕杀。在植株周围铺一层麦壳、砻糠等,可防止其产卵。在瓜苗上插松枝有驱避成虫的作用。

（2）药剂防治,成虫用40%氰戊菊酯2000倍液或21%增效氰马乳油8000倍液进行喷雾防治;幼虫用90%敌百虫1500～2000倍液灌根。

三、蚜虫

（一）症状

蚜虫繁殖快,一年可繁殖10～20代,以卵在木槿或杂草等寄主上越冬。成虫、若虫群集在叶背吸食汁液,使叶片卷缩、生长不良,严重时全株枯死。蚜虫可传播病毒病,高温干旱条件下有利于蚜虫繁殖。

（二）防治方法

（1）清除杂草,消除越冬卵,或在有翅蚜迁飞前用药杀灭。

（2）有翅蚜对黄色有正趋性,对灰色有负趋性。因此,可在瓜田设置黄色板,上面涂凡士林或机油,以诱杀蚜虫;用银灰色塑料薄膜覆盖苗床,以驱避蚜虫。

（3）药剂防治,可喷40%乐果乳油1000～1500倍液,随着植株生长,浓度可增至800～1000倍液;也可用

2.5％溴氰菊酯或 2.5％功夫乳油 3000～4000 倍液进行喷雾防治。

四、红蜘蛛

（一）症状

红蜘蛛成虫、幼虫群集在叶背吸食汁液，被害部位初现黄白色小圆斑，严重时叶片发黄枯焦。在夏季高温干燥时盛发，受害叶片卷缩，呈锈褐色。

（二）防治方法

（1）晚秋、早春清除瓜田周围杂草并烧毁，以消灭越冬红蜘蛛。

（2）加强田间管理，合理施肥、灌水，增加田间湿度，减少红蜘蛛的繁殖。

（3）药剂防治，要在田间初发虫害时喷药，着重喷叶背面，连喷 2～3 次。选用 40％乐果乳油 1500～2000 倍液或 10％联苯菊酯乳油 4000 倍液、20％灭扫利乳油 3000 倍液，均有较好的防治效果。

五、白粉虱

（一）症状

白粉虱群集在叶背吸食汁液，导致叶片褪绿黄化。白粉虱会分泌大量蜜露，诱发煤污病，传播病毒病，造成西瓜、甜瓜减产甚至绝收。

（二）防治方法

（1）成虫对黄色有正趋性，可用黄板进行诱杀。

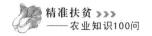

（2）在晴天中午先喷 40％氧化乐果乳油 1000 倍液，杀死卵和幼虫，然后将 80％敌敌畏 180 毫升兑水 10 升，加锯末 40 公斤，混匀后撒在瓜田地面行间，然后密闭大棚或温室进行熏蒸，每隔 7 天进行一次。

（3）用 25％功夫乳油 2000 倍液或 20％灭扫利乳油 2000 倍液、25％扑虱灵 1500 倍液、25％天王星乳油 3000 倍液轮流喷杀。

六、蓟马

（一）症状

蓟马分布广，食性杂，以成虫、若虫锉吸心叶、嫩芽、花和幼果的汁液，致使心叶不能正常展开，导致生长点萎缩。幼瓜受害后，表皮呈锈色，畸形，生长缓慢，严重时造成落果。

（二）防治方法

（1）清除杂草，增加灌溉，调节田间小气候，压低虫口基数。

（2）在蓟马发生期施药，用增效氰马乳油 6000 倍液或 50％辛硫磷乳油 100 倍液、20％氯马乳油 2000 倍液、10％菊马乳油 1500 倍液、10％溴马乳油 1500 倍液、50％乐果乳油 1000 倍液进行喷雾防治，必要时可连续喷施 2～3 次。

50 如何选用鲜食玉米品种？

目前鲜食玉米品种繁多，不同品种鲜食玉米的用途和适应性等各有不同，根据实际情况，在选用鲜食玉米品种时要遵循以下几个原则：

（1）根据不同用途和种植目的选种，如是以鲜棒出售还是以加工类型为目的。

（2）根据当地消费习惯选择品种，不同地区居民消费习惯不同，所选品种不同，如是以纯黄、黄白相间、纯红甜玉米为主，还是以糯玉米系列品种为主。

（3）根据不同地区自然环境条件选择品种，平原和高山、丘陵地区，根据不同品种的适应性和抗逆性、耐肥性等选择好品种是关键。

（4）根据熟性合理选择搭配品种，选择主栽品种的同时根据不同熟性（早、中、晚）选择 2～3 个其他副栽品种，可以错开鲜棒上市时间，提高经济效益。

（5）选用经过审定、认定的品种，应对其适应性、丰产性、稳定性以及综合性状等方面有全面的认识，可以避免大的风险，有利于实现高产、稳产的目标。

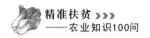
51 鲜食玉米播期如何安排？防止串粉的方式有哪些？

一、鲜食玉米播期安排

鲜食玉米播期受温度、水分、地势、日照、土壤、纬度以及品种熟性等多种因素的影响,应因时因地制宜安排鲜食玉米播期。总的原则:一般直播在地温稳定在 10 ℃以上时进行比较合适。

根据上述影响鲜食玉米播期的不同因素,鲜食玉米可分为春玉米、夏玉米、秋玉米和冬玉米四种类型。如湖北地区,春玉米一般在 3 月中旬至 4 月上旬播种,秋玉米在 7 月下旬至 8 月上旬播种。部分高山(海拔 1000 米以上、1800 米以下)地区一般在 5 月中旬至 6 月上旬播种夏玉米。还有少部分地区播种早春玉米,2 月上旬穴盘小拱棚保护地育苗,3 月上旬定植,这个播期对保护地栽培鲜食玉米技术要求较高,但生产出来的鲜食玉米市场行情较好。

二、防止串粉的方式

由于不同品种鲜食玉米各有特殊的用途,加工要求和相应的销售市场各有不同,而且鲜食玉米天然杂交率高达 95% 以上,若不同品种混种在一起,必然会导致不

同品种间相互串粉。为了防止不同品种鲜食玉米之间相互串粉,鲜食玉米必须采取隔离种植方式,常见的隔离方式有以下四种:

（1）空间隔离:不同品种相互间隔200米以上种植。

（2）时间隔离:不同品种播期错开20天以上,一般品种花期为7～10天。

（3）自然屏障隔离:指利用山岭、房屋、树林等自然屏障进行隔离。

（4）高秆作物隔离:指种植高粱、向日葵等高秆作物进行隔离。

 鲜食玉米早春保护地育苗的好处以及关键技术有哪些?

一、鲜食玉米早春保护地育苗的好处

（1）播期提前,有利于作物茬口安排,缓解劳动力季节性紧张的矛盾。

（2）可提早上市时间,错开上市高峰期,售价高,有助于提高单位面积的经济效益。

（3）保证苗全、苗齐、苗匀、苗壮,因育苗所需苗床面积小,便于管理,可避免春季温度不稳定造成的缺苗、弱苗等问题。

（4）移苗前淘汰病苗、劣苗,大小苗分级移栽,合理安排株行距,保证密度,有助于提高单位面积产量。

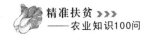
二、鲜食玉米早春保护地育苗的关键技术

（1）早春保护地育苗时间的选定。在海拔较高、有效积温不足的高寒山区，以及早春平均温度在 10 ℃以下的地区，宜采取保护地育苗方式。以武汉为例，一般在 1 月底、2 月初开始早春保护地育苗。

（2）早春保护地育苗苗床的选定。通常选用大棚苗床育苗较合适，另外有条件者可以加地热线或双膜增温育苗。

（3）营养土湿度的控制。将配置好的营养土和水搅匀，湿度控制，以手抓营养土后松开，营养土掉在地面上散开较合适。播种后 4～5 天揭膜浇水，以保证出齐苗。

53 如何防治鲜食玉米苗期草害？

鲜食玉米苗期，杂草与玉米幼苗同期生长，此时段杂草会与玉米幼苗争夺土壤水分和养分。故鲜食玉米苗期，除杂草是关键环节。防治鲜食玉米苗期杂草危害，有以下几个关键技术环节：

（1）春季鲜食玉米直播后喷施封闭型除草剂（如金都尔），可有效防治出苗前杂草的生长。

（2）出苗后至小喇叭口期是杂草生长最快的时期，特别是植株行间不易中耕的地方杂草危害较大，此时（小喇叭口期）使用玉米专用除草剂（如烟嘧磺隆）防治尖叶杂草效果较好，不伤玉米。

（3）结合中耕除草。在小喇叭口期中耕，能疏松土壤，提高地温，调节土壤水分，除去玉米行间杂草。

54 鲜食玉米生长过程中施肥次数和施肥量如何控制？

鲜食玉米生长过程中既不能缺肥，也不能施肥过量。这两种情况都会影响鲜食玉米的产量，降低经济效益。为了保障鲜食玉米的产量，在鲜食玉米生长过程中施三次肥较合适，即：

第一次是在播种前施足底肥，用量为每亩75公斤复合肥。

第二次是在小喇叭口期至大喇叭口期施追肥，用量为每亩2公斤复合肥加10公斤尿素，两者混匀后在四株苗之间打孔穴追施。

第三次是在玉米拔节至抽穗期，用量为每亩10公斤尿素，下雨前在玉米行间撒施。

55 鲜食玉米常见虫害有哪些？应如何防治？

一、玉米螟

（一）症状

鲜食玉米生长期间，造成鲜食玉米减产严重，使鲜食玉米棒没有商品价值，并且最难防治的虫害就是玉米螟。因玉米螟是钻蛀性害虫，在玉米心叶期，玉米螟会

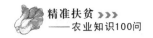
啃食叶上表皮及叶肉,造成"花叶"现象;抽雄后玉米螟会危害雄穗,导致雄穗分枝和基部折断,并啃食雌穗的花柱、苞叶和幼嫩籽粒;玉米螟还会蛀入茎秆取食髓部,导致受害的茎秆容易被风吹折。

（二）防治方法

根据玉米螟产卵及各代幼虫孵化后都群集于玉米心叶喇叭口处这一习性可知,在鲜食玉米小喇叭口期和大喇叭口期防治玉米螟是关键阶段。在这两个阶段,用甲氨基阿维菌素苯甲酸盐对准鲜食玉米喇叭口喷施,即可有效防治玉米螟。

二、地老虎

（一）症状

地老虎主要在幼苗期危害鲜食玉米,当鲜食玉米拔节、基部茎秆木质化后,该虫危害减轻,所以防治地老虎的最佳时期是在鲜食玉米五叶一心期以前。

（二）防治方法

防治地老虎的最好方法是人工捕杀和农药灌根,用50％辛硫磷乳油或90％敌百虫等对准鲜食玉米根部喷施即可。

56 鲜食玉米病害应如何防治？

鲜食玉米的病害有几十种,各地的生态环境不同,病害的发生情况也有所不同,所以不同地区要根据本区域环境、生态类型,同时结合不同病害的特征、传播途径以及发病规律,有针对性地做好鲜食玉米的病害防治工作。具体有以下几种防治方法:

(1) 选用和培育抗病品种;

(2) 实行轮作倒茬和间作套种模式;

(3) 清除田间病株残体,减少初侵染源;

(4) 加强田间管理,增强植株抗病能力;

(5) 避免人为损伤植株,防止病害传播;

(6) 合理密植;

(7) 药剂防治,前期用 4%～5%根保剂拌种。

57 如何防止鲜食玉米倒伏? 鲜食玉米倒伏后的管理措施有哪些?

一、防止鲜食玉米倒伏的措施

鲜食玉米生长过程中遇到恶劣的环境时,易出现倒伏现象。若是在鲜食玉米抽雄、散粉期倒伏,既影响雌穗授粉,造成秃尖,使产量减少,穗棒商品性降低,又会使病虫害加剧形成。为了防止鲜食玉米中后期倒伏,应采取以下几点措施:

(1) 选抗倒伏的鲜食玉米品种。

(2) 在小喇叭口期至大喇叭口期结合除草进行中耕培土,增强植株后期抗倒伏能力。

(3) 三次施肥要及时充分,以培育壮苗,防止倒伏。

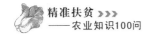
二、鲜食玉米倒伏后的管理措施

（1）在大喇叭口期以前，若鲜食玉米出现倒伏现象，一般不需要帮扶，此阶段鲜食玉米生长处于旺盛期，会逐渐长起来，不会影响拔节、抽雄、授粉。

（2）在抽雄、散粉后期，若鲜食玉米出现倒伏现象，一般是需要帮扶的，此时要看准土壤墒情把鲜食玉米扶正并培土，以便其顺利抽雄、授粉，减轻后期病虫害。

58 如何判断鲜食玉米的最佳采收期？

鲜食玉米何时采收、怎样采收，对于保持其独特的品味并获得最大的经济效益关系很大。判断鲜食玉米最佳采收期，要把握"一算、二看、三摸"三个要点。

（1）"一算"：算一算从播种到抽雄、散粉的天数，然后确定授粉后 20 天左右即为最佳采收期。

（2）"二看"：看一看雌穗吐丝变成棕黑色时，再看一看雌穗外苞叶从翠绿色逐渐变成淡绿色时，即为最佳采收期。

（3）"三摸"：到雌穗快成熟时，摸一摸雌穗底部和顶部，判断籽粒的饱满程度，即可确定鲜食玉米的最佳采收期。

59 鲜食玉米的多余分蘖、果穗如何处理？去雄的作用是什么？

一、鲜食玉米多余分蘖的处理

鲜食玉米多余分蘖产生的原因是,前期底肥充足、养分过多、营养旺盛。这些多余分蘖的形成有以下好处:

(1) 把过多的养分储藏到多余的分蘖中;

(2) 可以增加根的条数;

(3) 增加鲜食玉米整体叶面积;

(4) 减少土壤水分蒸发,消除顶端优势;

(5) 替主茎保留养分,等到主茎养分不多时,多余分蘖中的养分再回流到主茎中,为主茎补充后期所需养分。

通常去掉多余分蘖既费时费工,又会对玉米基部造成伤害,容易让病虫害侵入,因而鲜食玉米多余的分蘖不用掰掉,保留即可。

二、鲜食玉米多余果穗的处理

杂交鲜食玉米多数是单果穗品种,除了植株上部果穗外,第二、第三果穗发育迟、吐丝晚,不容易受精结果,最终为无效果穗。但这些果穗生长过程中易消耗大量的营养,与上部果穗争夺养分,影响主穗增大,致使主穗晚成熟,因此多余的果穗要掰掉。

三、鲜食玉米去雄的作用

当鲜食玉米雄穗散粉(雌穗花丝变红或深红)完后

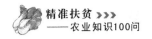

应去掉顶部雄穗,即去雄。去雄有以下作用:

(1)改变植株吸收和制造养分的输送方向;

(2)可使鲜食玉米提早成熟3～5天;

(3)增加单位面积产量10%左右;

(4)可将原本供给雄穗的养分、水分转供给雌穗,可使雌穗增大,减轻秃尖现象;

(5)拔除雄穗,可带走雄穗上面的蚜虫、螟虫等,减轻虫害。

60 如何进行茶籽直播及茶苗移栽?

一、茶籽直播

长江流域的茶区,以早播较好,春季播种宜于3月上中旬进行,春播时应进行浸种、催芽。秋冬播种时间宜为10～12月,尽量避开冰冻期。每亩用种量5～7公斤,每丛播茶籽4～5粒,覆盖3厘米左右厚土壤,并在播种行上覆盖一层秸秆、锯木屑等物,有利于出苗。为了补缺用苗的需要以及提高补缺成活率,在播种的同时,每隔10～15行在茶行间多播种一行种子。

二、茶苗移栽

长江流域宜在10月底至11月初或翌年2月上中旬进行茶苗移栽,单行条列式种植的行距约为150厘米,丛距约为30厘米;双行条列式种植的行距约为150厘米,丛距约为30厘米,列距约为30厘米。移栽前,开好栽植沟,施好基肥,栽种的深度为 33 厘米左右,一般每丛栽种 2～3 株。移栽时,要一边起苗一边栽种,尽量带土且不要损伤根系。如果是带营养钵的茶苗,需去除营养钵后栽种。茶苗放入沟中后,要边覆盖土壤边踩紧,并及时浇安蔸水。

61 如何提高茶苗移栽的成活率?

（1）及时浇水。每隔 7～14 天浇一次水,干旱时,浇水的次数要多些,直至茶苗成活为止。

（2）防晒遮阴。在第一、二年的高温季节,可进行季节性遮阴。用稻草、麦秆等扎成束,插在茶苗的西南方向,挡住一部分阳光。高温过后及时拔除,拔除的稻草、麦秆等可铺于茶行间,既可以增加土壤有机质,又能保水。

（3）覆盖根际。可采用稻草、麦秆等,覆盖于茶苗根茎两旁根系分布区,上面再放些碎土。

（4）假植。当起出的茶苗不能及时移栽定植时,应将其集中埋植于泥土沟内,或用地衣植物包扎根部,放于阴凉的地方,防止茶苗失水。

62 如何进行茶园除草?

（1）人工除草。人工除草目前是我国茶区主要的除草方式,即使用阔口锄、刮锄等工具进行浅锄除草,并将杂草深埋入土中或置于茶行间暴晒,起到短期内抑制杂草生长的作用。

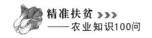

（2）化学除草。在茶园中必须使用除草效果好、安全、污染小的化学除草剂，根据不断更新的安全使用标准，选择合适的除草剂并确定适宜的用量，最好在茶园新植时使用。

（3）行间铺草。在茶园行间覆盖稻草、山地杂草或茶树的修剪枝叶，一般来说，草铺得越厚，减少杂草发生的作用也越大。

（4）覆盖地膜。研究表明，幼龄茶园覆盖地膜可起到保水、抑制杂草生长的作用，但该方法一直没有得到推广应用。

63 如何进行茶园合理施肥？

（一）底肥

选用纤维素含量高的绿肥、草肥、秸秆、堆肥、饼肥、厩肥等改土性能良好的有机肥，同时配施钙、镁、磷肥或碳酸钙等化肥。可在种植沟中施入，开沟时表土、深土分开，沟深 40～50 厘米，必须在肥料上面覆盖土壤后再栽种茶苗或茶籽。

（二）基肥

长江中下游地区茶园一般在 10 月中下旬施基肥，以施有机肥为主，适当配施磷、钾肥或低氮的三元复合肥，最好混合厩肥、饼肥。

幼龄茶园一般每亩施 1～2 吨堆肥、厩肥，外加 15～20 公斤过磷酸钙、8～10 公斤硫酸钾。基肥中氮肥的用量占全年氮肥用量的 30%～40%，而磷肥和微量元素水溶肥料可全部作为基肥施用。1～2 年生的茶树,在距根茎 10～15 厘米处开宽约 15 厘米、深15～20厘米,且平行于茶行的施肥沟以施入基肥。3～4 年生的茶树,在距根茎 35～40 厘米处开深 20～25 厘米的施肥沟以施入基肥。

成龄茶园,则在树冠外缘垂直投影处开深 20～30厘米的施肥沟以施入基肥。

已封行的茶园,则在两行茶树之间开沟以施入基肥。

(三)追肥

追肥应以速效化肥为主,常用的有尿素、碳酸氢铵、硫酸铵等,在此基础上配施磷、钾肥及微量元素水溶肥料,或直接采用复混肥料。

单条幼龄茶园一般在春茶前、春茶后(或夏茶后),离树冠外缘 10 厘米处开沟,前后两次按 5∶5 的用量比追施。

密植幼龄茶园和生产茶园一般在春茶前、春茶后和夏茶后,在树冠外缘垂直投影处开沟,前后三次按 4∶3∶3的用量比追施。

(四)叶面肥

干旱期间对叶面喷施碱性肥,可适当改善茶园小气候环境,有利于提高茶树的抗旱能力;秋季对叶面喷施磷、钾肥,可提高茶树的抗寒越冬能力。叶面追肥的用量,一般采摘茶园每亩为 50～100 公斤。通常每季在芽初展时,喷施 1～2 次微量元素水溶肥料及植物生长调节剂,而大量元素水溶肥料等则可每7～10 天喷 1 次,宜在傍晚喷施。

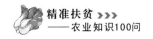

64 如何进行茶树修剪？

长江中下游地区茶园，幼年茶树定型修剪宜在早春进行，即在春茶芽萌发前的3月上旬进行，轻修剪、深修剪可于春茶结束后（5月中旬）进行。

（一）定型剪

一般茶树一年定型修剪一次，灌木型的幼年茶树需要经过3～4次定型修剪。第一次在茶苗移栽之时，茶籽直播茶园可在茶苗出土后的第二年进行，即茎粗（离地表5厘米处测量）超过0.3厘米、苗高达30厘米且有一个分枝的茶苗在一块茶园中占80%时，用整枝剪在离地面12～15厘米处剪去主枝，侧枝不剪。修剪时注意选留1～2个较强分枝，或剪口下留以后能生长的定芽，如图2-1（a）所示。第二次定型修剪，在第一次定型修剪后的次年进行，即茶树高达40厘米，剪口高度为25～30厘米时，如图2-1（b）所示。一般修剪高度在第一次定型修剪的基础上，提高13～15厘米。如果茶树高度不够，应推迟修剪。第三次定型修剪在第二次定型修剪后一年进行，修剪高度在第二次剪口基础上提高10厘米左右，如图2-1（c）所示。

若要进行第四次定型剪，可在第三次定型剪后一年进行，修剪高度在第三次剪口高度的基础上，提高10厘米左右。

幼年茶树在进行3～4次定型修剪后，一般高度达50～60厘米，树幅达70～80厘米。

（二）轻修剪

在完成茶树定型修剪后，将茶树冠面上突出的部分枝叶剪去，整平茶树冠面，修剪程度较浅，故称为轻修剪。修剪时应使树冠保持一定的形状，一般应用较多、效果较好的有水平形、弧形两种。

（三）深修剪

当树冠经过多次的轻修剪和采摘后，树冠面上的分枝愈分愈细，在其上生长的枝梢细弱又密集，形成鸡爪枝，枯枝率上升。这时需用深修剪的方法除去鸡爪枝，使之重新形成具有旺盛生命力的枝叶层，提高茶叶产量和品质。深修剪的高度根据鸡爪枝的深度而定，一般为 10～15 厘米，如图 2-1(d)所示。深修剪可每隔 5 年左右或更短时间进行一次，具体根据茶园状况及生产要求确定。

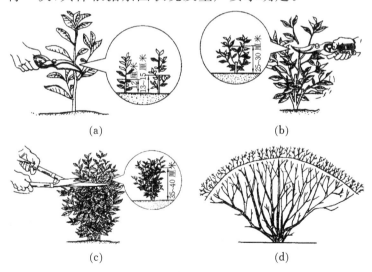

(a)   (b)

(c)   (d)

图 2-1 茶树修剪

（a）第一次定型修剪；（b）第二次定型修剪；（c）第三次定型修剪；（d）深修剪

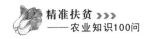
65 适合武汉地区种植的毛豆品种有哪些？

毛豆在武汉地区春、夏、秋季均可栽培。由于不同品种的毛豆对光照长短要求不一，因此要根据栽培季节来选择品种。

（1）一般春播都是用早熟或特早熟品种，生育期为70～80天，如特早95-1、K新早、豆冠、景峰二号等。

（2）夏播用早中熟品种，生育期为80～100天，如绿宝石、景峰一号、景峰99、景峰尊、武引9号、K新绿、开育9号等。

（3）秋播用晚熟品种，如豆冠、黑珍珠、鼓眼八等。

66 武汉地区毛豆栽培管理有哪些技术要素？

（一）环境条件

毛豆喜温，种子发芽温度为10～11℃，温度为15～20℃时发芽迅速。苗期可耐短时间低温，生长适温为20～25℃，低于14℃不能开花。生长后期对温度敏感，温度过高会提早结束生长，温度过低则种子不能完全成熟。1～3℃时植株会受冻害，-3℃时植株会被冻死。毛豆为短日照作物，有限生长型早熟品种对光照长短要求不严，无限生长型晚熟品种属于严格的短日照作物。引种时需注意，北种南移会提早开花，南种北移则延迟开花。

毛豆需水量较大,种子发芽需吸收稍大于种子自身重量的水分。苗期、分枝期、开花结荚期和荚果膨大期,土壤持水量应分别为 60%～65%、65%～70%、70%～80%、70%～75%。

毛豆对土质要求不严,以土层深厚、排水良好、富含钙质及有机质的土壤为好,pH 值为 6.5。毛豆生长期需要大量的磷、钾肥,磷肥有保花保荚、促进根系生长、增强根瘤菌活动的作用,缺钾则会使叶子变黄。

(二)播种

春播,在地温稳定且大于 12 ℃时即可进行。春播通常在 3 月上中旬至 4 月上旬进行,6～7 月采收;夏播通常在 4 月底至 6 月进行,7～9 月采收;秋播通常在 7～8 月进行,9～10 月采收。保护地栽培通常在 2 月上旬至 3 月初播种。

(三)整地施基肥

选择土层深厚、土壤肥沃、排水良好的地块。头年冬天对水稻田提前进行深翻晒白。播种前 10 天结合整地施足基肥,每亩施腐熟猪牛栏粪 1000～1500 公斤或商品有机肥 100～150 公斤、过磷酸钙 25 公斤。深沟高畦,整成宽 1.1～1.2 米的畦(包沟)。

(四)苗期管理

合理密植有助于增加毛豆结荚数,促进豆粒饱满,提高产量。栽植密度应根据土壤肥力和耕作栽培条件

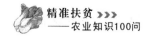

等确定。每畦种两行,采用穴播,早熟品种株距约为 23 厘米,行距约为 23 厘米,每穴放 4～5 粒种子;也可以采用条穴播,每亩用种量 6～8 公斤,早熟品种行距为 30～35 厘米。播种后及时覆土,注意适当浅播,因为毛豆种子粒大,顶土力差,覆土厚度控制在 2 厘米左右。

覆土后 2 天内喷洒除草剂,用都尔 1000 倍液或 90％禾耐斯乳油 1000 倍液,每亩用药液 35～45 公斤。喷药时注意勿重复喷施,防止药害。

毛豆种子发芽所需的水分较多,播种前 2～3 天应先灌足种子发芽所需水分,使种子发芽整齐一致。播种时若水分充足,则出苗快且齐,幼苗生长健壮;但水分过多,则会烂种。

4 月中旬,气温稳定在 18 ℃以上时,采用保护地栽培方式的,要揭去地膜,视土壤干湿情况及时灌溉,确保毛豆生长发育时水分充足。生育前期和开花结荚期,切忌土壤过干或过湿,否则会影响花芽分化,导致开花减少,花荚脱落。

播种前也可以进行种子处理,方法是用 58％瑞毒霉锰锌可湿性粉剂拌种,用药量为种子重量的 0.4％,即拌即播,宜采用包衣种子。4～5 天出苗后及时查苗、补播,在 2 片对生真叶展开后至第 1 片复叶完全展开前,按要求的株距或穴距进行人工间苗,拔除弱苗、小苗、病苗后一次性定苗。控制种植密度,一般每亩 2 万～3 万株。

（五）田间管理

（1）中耕培土。苗期要注意松土锄草，特别是在雨后放晴时，要及时松土、培土。齐苗后至开花前进行中耕除草，中耕除草时配合培土。中耕培土间隔时间为10～15天。中耕除草应避免植株损伤。

（2）追肥。真叶开始展开时（播种后一周左右）施一次提苗肥，每亩用腐熟人粪尿或尿素5～7公斤，或用0.5％碳酸氢铵和过磷酸钙溶液浇施。播种后半个月左右，结合中耕培土每亩施硫酸钾复合肥15公斤。开花期若毛豆生长不良、分枝少，则可增施一次复合肥，每亩施硫酸钾复合肥10～20公斤。开花后15～20天，每亩施硫酸钾复合肥20公斤。始花期、盛花期和结荚期分别进行一次根外追肥，促使豆荚充实饱满，以喷施钼酸铵及磷酸二氢钾溶液为主。钾肥不足，容易发生叶黄病，可施用草木灰或硫酸钾进行防治。防治时用草木灰盖种，也可在露水未干时向毛豆植株撒草木灰，一般连撒4次，7～8天叶渐转青，每亩每次撒草木灰50公斤。

（3）水分管理。毛豆是需水较多的作物，尤其是开花到鼓粒阶段，如果遇到干旱，应及时灌水，灌水以润田为原则。毛豆喜湿润，但又忌渍。春季雨水较多一般不需要灌水，夏秋季则看苗势在傍晚时分适当灌跑马水，特别是在开花结荚期应保持土壤湿润。春季阴雨天数多，雨后要及时开沟排水，畦沟内不宜长期积水。

（六）周年供应措施

（1）采用保护设施提早或延后栽培。采用竹架中

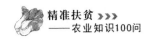

棚、钢架大棚可提早到 2 月上旬播种,5 月上中旬采收。采用露地地膜覆盖栽培,通常在 2 月中下旬播种,5 月中下旬采收。采用保护设施可延后至 8 月上中旬播种,11～12 月采收。

(2)选用早、中、晚熟品种,延长上市期。早春选用早熟、极早熟品种提早上市。秋季选用晚熟品种,延迟上市。

(3)适地生产、保证市场供应。武汉地区 10 月至翌年 1 月气温较低,不适合毛豆生长,可在海南等地种植毛豆,以满足市场需求。

(4)在上市高峰期,采用冷冻贮藏等技术将毛豆贮藏起来,在 12 月至翌年 4 月投放市场。这样既可满足市场多样化需求,又可增加经济效益。

67 油用牡丹栽培管理有哪些技术要求?

(一)选地和整地

湖北地区种植油用牡丹最好是在海拔 300 米以上,且地租和人工成本低的区域,选择土层深厚、土壤肥沃、疏松通气和排水性能良好的砂质壤土,忌黏重、积水、强酸和强碱性土壤。整地时,需要施足底肥,每亩施饼肥 400 公斤、过磷酸钙 80 公斤、缓释肥料 60 公斤,再加入 3% 辛硫磷颗粒 1 公斤和 80% 多菌灵可湿性粉剂 5 公斤。将深翻土壤耙细整平,压实后作畦,畦宽 100～120

厘米,畦沟深 25～35 厘米、宽30～50 厘米,园地四周做好排水沟。具体的畦宽、畦沟深等应根据实际情况确定,以达到排水良好的效果。

（二）种苗处理及种植模式

湖北地区油用牡丹栽植时间主要集中在 10 月中旬至 11 月中旬,不能及时栽植的苗木应加以覆盖,或采取沙藏、覆土等保护措施。栽植前,对移栽苗根部进行修剪,同一株上主根与主要侧根保留相同的长度,保留长度约为 10 厘米。将根部修剪好的移栽苗全株浸泡于80％多菌灵可湿性粉剂 1000 倍液中消毒10～15 分钟,再用生根粉溶液浸根 4～6 秒,捞出沥干后即可栽植。

栽植时,将苗置于深度为 25～30 厘米的穴内,使根系舒展,穴内添土后将苗上提,使苗根颈部低于地面1～3 厘米,然后踏实,以免根部悬空,干旱致死。株距一般为 40～60 厘米,行距一般为 60～100 厘米,可适度密植。

种植模式上,建议将油用牡丹套种在疏林和经济林下。发展林下种植模式,既可以遮阴,延长牡丹的绿叶期,又可以减少杂草,增加田间通风性,同时具备一定程度的避雨功能,可减轻真菌病害,从而提高油用牡丹的产量,增加经济效益。

（三）修剪

湖北地区潮湿多雨,油用牡丹种植基地杂草多,需要通风透光环境。因此建议将油用牡丹修剪为单主干

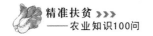
树形,除高山冷凉地区外,不推荐使用平茬技术。定植后第一年,要及时摘除花蕾,抑制其生殖生长,使养分集中供应根系的营养生长,为以后的高产、稳产奠定基础。一般剪去花蕾以下第2～4片叶子,长枝、强枝应多剪去一些叶片,反之则少一些。定植后第二、三年内要注意主枝培养,一般保留3～4个主枝,然后逐年在主枝上增加侧枝,逐渐形成利于通风透光的树形。每年秋季落叶后,当年生枝条上部各叶腋处无芽点部分,木质化程度低,抗寒性差,冬季将自行枯死,应全部剪掉;同时疏去过密枝,调整枝条的开张角度和分布空间,防止结果部位迅速外移。

(四)水肥管理

油用牡丹属于肉质根系植物,耐旱,不宜经常浇水。然而在下列情况下,合理浇水不仅能促进苗木的生长,还能提高其抗性和产量:

(1)定植后及时浇灌一次定根水;

(2)特定的生长阶段,在萌芽期、花凋落后及入冬前浇3次透水;

(3)干旱炎热的夏季,避开高温时段浇水;

(4)严重干旱的年份;

(5)追肥后,土壤过分干旱时。

油用牡丹虽然耐贫瘠,但是仍然属于喜肥植物,尤其是对于需要高产的油用牡丹,科学施肥更为关键。油用牡丹在栽植后第一年只施底肥,不追肥。从第二年开始,在施用底肥的基础上,增加追肥。2月上旬,芽萌动前,每亩施复合肥50公斤;4月中旬施花后肥,每亩施复合肥50公斤;此外,在3月中旬油用牡丹大风铃期和4月中旬花后展叶期各喷施一次微肥(2克/升的硼酸,1克/升的钼酸铵和2克/升的硫酸锰),喷施以叶片湿润且液滴不滴下为准,叶片正反面均喷施。

(五)防治杂草

湖北地区高温多湿,草害严重,尤其在油用牡丹栽植之后的前3年,植株比较矮小,应及时除去杂草。除草以"锄早、锄小、锄了"为原则,建议以人工除草为主,在人工费用较高的区域可机械除草,或采用覆地膜的方式除草。采用可降解黑色膜,厚0.01毫米,宽950毫米,10月下旬在油用牡丹行间覆盖,覆盖高度600毫米。

也可尝试使用除草剂,如杂草刚露芽时,开始喷施9.6克/升的乙氧氟草醚(低毒、触杀型除草剂),前两次每2天喷一次药,之后每7天喷一次药,持续2个月,可有效防控杂草。然而,除草剂至少要经过2年的小范围试验后才可谨慎使用,以避免对植株造成伤害。

(六)防治真菌病害

对于油用牡丹病虫害的防治,应采取以预防为主、防治相结合的方式。防治措施可分为物理和化学防治措施。

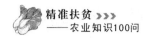

物理防治措施如下：

（1）油用牡丹种植基地应选在排水通风良好之处。

（2）适度密植，及时除草，保持田间良好的通风透光条件。

（3）合理施肥，增强植株的抗病性。

（4）发病期间及时摘除染病组织，并集中销毁。

化学防治措施如下：

（1）预防真菌病害，4月上旬花落后开始喷500～800倍液杀菌剂（如多菌灵、百菌清、代森锰锌和腐霉利等），并加入0.3％的磷酸二氢钾，每10天喷1次；多雨条件下，每7天喷1次，连续喷3～5次。杀菌剂需要交替使用，避免植株产生抗药性。需要注意的是，多菌灵、苯菌灵和甲基托布津都属于苯并咪唑类杀菌剂，杀菌机理一样，交替使用会出现交互抗性，故应禁止轮换使用。

（2）根茎部发病后先将病部刮除，再用1％硫酸铜溶液对伤口进行消毒，同时用50％代森锌400倍液灌根部周围土壤。

（3）地下虫害防治，可用50％辛硫磷乳油1000～1500倍液浇根部20～30厘米处；地上害虫防治，可喷洒50％辛硫磷乳油1000倍液或氧化乐果乳油1000倍液。

（七）采收及采后处理

湖北地区油用牡丹花期在3月底到4月，果期在4～8月，果实为蓇葖果，初期荚果皮呈绿色，后变为黄绿色,随着籽粒成熟,蓇葖果皮褪绿变成蟹黄色,此时果实已经成熟,但蓇葖果还未开裂,适宜采收。湖北地区油用牡丹的适宜采收期通常在 7～8 月,因品种及小气候环境不同,成熟期也存在较大差异。因此,果实成熟期间,要时刻关注田间蓇葖果形态,应因地制宜,适时采收。

将采收的蓇葖果堆放在阴凉通风处约 20 天,每隔 2～3 天翻动一次,切勿暴晒,堆放地点忌潮湿,以免引起腐烂。种子在果壳内将完成后熟过程,当种子由黄绿色变为褐色再到黑色时,种皮逐渐变硬,绝大多数果皮开裂,可以取出种子,并置于阴凉通风处保存。

68 平菇高产栽培有哪些技术要求?

(一)栽培配方

目前平菇高产栽培主要有以下四种配方,适合大规模生产使用(以下配方均为熟料栽培模式):

(1)玉米芯 65％～68％、木屑 10％、稻草 10％、麸皮 10％～15％、石灰 2％;

(2)杏鲍菇菌糠 70％、玉米芯 10％、麦麸 16％、石灰 3％、轻质碳酸钙 1％,含水率 62％;

(3)玉米芯 50％、棉籽壳 33.5％、麦麸 10％、豆粕 3％、磷酸二铵 0.5％、石灰 2％、石膏 1％,以及水适量;

(4)棉籽壳 68％～73％、稻草 10％～15％、麸皮 15％、石膏 1％、石灰 1％。

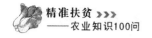
（二）培养料预处理

在拌料的前一天将较难吸透水的原料以包为单位进行浸泡，比如玉米芯、稻草等。早秋及晚秋栽培浸泡时间为 18～24 小时，春季、夏季气温较高时，原料浸泡时间相应缩短，浸泡时间为 10～12 小时。浸泡期间每隔 6 小时将原料以包为单位进行正反面对调，以利于充分浸泡。原料要求新鲜无霉变，棉籽壳选择中长绒规格，石灰、石膏宜使用精制袋装。

将经充分浸泡的培养料搅拌均匀，培养料含水率根据不同配方灵活掌握，一般含水率控制在 65％以内。

（三）菌袋规格及装袋模式

平菇栽培分为双头和单头套环出菇两种模式。双头套环出菇菌袋常使用规格为长 42～45 厘米，宽 20～23 厘米，厚 0.025～0.04 厘米聚乙烯塑料袋；单头套环出菇菌袋常使用规格为长 37 厘米，宽 23 厘米，厚 0.025～0.04 厘米聚乙烯塑料袋。装料应松紧适度，均匀一致。装好料后，封口方式有两种，一是直接用塑料绳系口；二是在装好培养料的菌袋上直接套出菇套环和封口膜。一台小型简易装袋机 3 个人配合同时进行装袋，完成 1200 袋的工作量一般需要 4 个多小时。

（四）灭菌和消毒接种

料袋装好后及时灭菌，一般采用常压灭菌。灭菌时尽快使袋温达到 100 ℃，袋温达到 100 ℃后维持 16 小时。达到灭菌时间后停火，焖 12 小时后出锅。有条件者也可以采用高压灭菌,高压灭菌采用聚丙烯塑料袋,装袋后保持 126 ℃灭菌 3 小时。包扎袋口的报纸应装入塑料袋中一起灭菌。

平菇栽培菌种应使用有生产资质的菌种单位提供的菌种。当菌料袋内部的温度冷却至常温(约 24 ℃以下)后方可进行接种,应在接种室或接种帐内相对无菌的环境下进行接种。即将灭菌后的料袋搬入经过消毒的接种室或接种帐内,在菌袋两端或一端等量接种。单头出菇的料袋采用枝条菌种比较适宜,采用套环出菇的模式接种后用报纸封口。

采取开放接种方式时,接种前将菌袋码放在地面上,用食用菌专用金星消毒液喷雾或二氯异氰尿酸钠气雾消毒剂对菌袋及周围环境进行消毒处理。接种前接种人员应将手、装有菌种的袋外壁用 75% 的酒精或 0.25% 的新洁尔灭消毒剂进行擦洗,然后开始接种操作。接种时应两人配合,采用套环接种方式的,一般一人负责菌袋开口及封口,另一人专门负责将菌种块或枝条接入菌袋中。利用枝条菌种进行接种时要保持稳、准、快。一般每小时可以接种 1000 袋左右,每袋接枝条菌种 1 根。

(五)平菇黄斑病的典型症状、发生规律及发病原因

(1)典型症状:平菇黄斑病是由细菌引起的平菇子实体病害,又称细菌性斑点病,所感染的细菌为托拉斯假单胞杆菌。平菇子实体在感病初期出现淡黄色至微

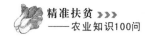

红色病斑,之后子实体表面全部或部分黄化,并停止生长发育,在高温高湿环境下会迅速腐烂。

(2)发生规律:平菇黄斑病在我国平菇各个产区均有发生,尤其是以发酵料栽培或生料栽培的平菇产区。通常在春夏交替或秋冬交替的季节,即每年4~5月或9~10月平菇黄斑病发生较为严重。气温为18~22 ℃时最易发生,或者是在大幅变温气候条件下易发生。第一潮菇发病轻,第二潮菇、第三潮菇发病逐渐加重。

(3)发病原因:病原菌来源于发酵或灭菌不彻底的培养料,以及菇房中的各种有机质和栽培场所周边的垃圾等。病原菌在各种有机质中进行越冬,靠喷水、菇蚊、菇蝇、人工操作等途径传播。染病子实体上病斑中产生的细菌菌体,则成为再次侵染的来源。菇房内高温高湿、通风不畅等条件,有利于病原菌繁殖。

(六)品种选择

湖北地区平菇栽培常使用子实体色泽较深、肉厚、菌柄较短的品种。按子实体的色泽,平菇可分为深色(灰黑色)、浅色(灰色)、乳白色和白色四大品种。

(1)深色品种:这类品种多是低温和广温品种,色泽的深浅随温度的变化而变化。一般温度越低颜色越深,温度越高颜色越浅。深色品种一般品质较好,外观表现为肉厚、有韧性。

(2)浅色品种:这类品种多为中低温品种,其最适宜出菇温度高于深色品种。色泽随温度的升高而变浅,随光线的加强而加深,口感好、鲜嫩、质脆。

(3)乳白色品种:这类品种多为中温和广温品种。

(4)白色品种:这类品种多是中、低温品种,颜色呈白色,子实体较大,菇质较硬。

(七)枝条菌种的制作方法

用于平菇栽培的枝条,其常用规格有两种:长 10 厘米,宽 1 厘米,厚 0.2 厘米;长 12.5 厘米,宽 0.8 厘米,厚 0.5 厘米。枝条使用前应浸泡 24 小时,使枝条充分浸透,利于菌丝吃料和彻底灭菌。

生产常用配方:枝条(完全预湿)81%,面粉 5%,玉米粉 5%,麸皮 5%,1%浓度蔗糖水 4%。玉米粉和麸皮按照 1:1 的比例混合备用。将蔗糖溶解于清水中制成 1%浓度蔗糖水,将适量蔗糖水与面粉充分混匀,以有一定黏性且不会聚集成团为准。

首先将枝条混入具有黏性的面粉浆内,混合均匀,使枝条上附着有浆。然后加入玉米粉和麸皮的混合物,充分混合,使枝条上均匀附着一层玉米粉和麸皮混合物,避免枝条之间相互紧密粘连。再将枝条装入长 30 厘米,宽 15 厘米,厚 0.003 厘米的聚丙烯菌袋中,所使用的菌袋厚度一定要在 0.003 厘米以上,封口使用套环和筛子,最外层利用报纸覆盖。灭菌时菌袋竖直摆放,以免浆等物从菌袋口流出。

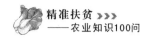

69 目前珍稀食用菌"羊肚菌"人工栽培的基本情况如何？大田栽培的投入产出比是多少？

一、羊肚菌人工栽培基本情况

羊肚菌隶属子囊菌亚门盘菌纲、盘菌目、羊肚菌科，是一种著名的食药兼用真菌。其子实体含有丰富的蛋白质、多糖、微量元素，具有增强免疫力等作用。自1980年美国羊肚菌人工栽培成功后，我国也相继开展羊肚菌的驯化研究，形成了从最开始的纯仿生栽培技术到林下栽培，利用菌根化栽培，利用菌材栽培及室内仿生栽培技术，再到目前应用最广的大田和林下人工栽培技术，以及设施化大棚栽培技术。设施化大棚栽培的优势在于，可以灵活稳定地调节羊肚菌生长过程中的湿度、温度和光照条件，减少外界极端环境的干扰，能够为羊肚菌的高产、稳产创造有利条件。

目前，可人工栽培的羊肚菌种类为六妹羊肚菌和梯棱羊肚菌系列。其中，六妹羊肚菌菇形、商品性较好，适合鲜销和烘干销售。梯棱羊肚菌在温度适宜时（15 ℃左右）产量较高，但菇形、商品性相对较差，适合鲜销。

二、羊肚菌大田栽培的投入产出比

羊肚菌的大田栽培模式不同于常规食用菌，是一种全新的栽培模式，其生产流程主要包括：选地整地、菌种制备、遮阳棚搭建、补料、出菇管理和采收加工等六个环节。项目的投入包括地租、大棚设施费用、菌种及技术指导费、人工费、杂费等,具体见表2-1。在羊肚菌的项目投入中,地租、人工费、杂费基本恒定,不同区域之间差异不大,项目总投入中波动较大的环节包括大棚设施费用、菌种及技术指导费。

表2-1 羊肚菌栽培项目投入一览表

项目	投入(元/亩)	说 明
地租	300~500	羊肚菌项目生产周期为5~6个月,此处地租按半年进行估算
大棚设施费用	1000~7000	因区域和设施不同,大棚设施成本从几千元到十多万元均有,成本由低到高依次为简易大棚、蔬菜大棚、钢架大棚、温室大棚(暖棚、阳光棚)
菌种及技术指导费	4000~5500	市场均价,包含外源营养袋及技术指导费在内
人工费	600	正常人工费50元/人,每亩地平均需10~12个人工
杂费	600~1000	耕地、石灰、水电、闲杂材料等费用
合计	约7000	常规羊肚菌种植项目亩投入

注:投入费用按照大面积(面积超过20亩的生产项目)平均计算,其中大棚设施最高投入不限于7000元/亩。

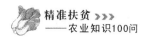

70 羊肚菌种植有哪些技术要求？

（一）菌种生产技术

（1）一级种培养基：马铃薯葡萄糖琼脂（PDA）培养基。

（2）二级种配方：麦粒30％、粗木屑52％、腐质草炭土15％、石膏1％、轻质碳酸钙2％，含水率50％～55％。

（3）三级种配方：麦粒30％、粗木屑60％、腐质草炭土8％、石膏1％、轻质碳酸钙1％，含水率50％～55％。

麦粒选择当年新鲜小麦，菌种生产前需提前一天左右将麦粒、粗木屑进行充分浸泡预湿。

（二）场地选择及处理

选择具备钢架大棚及配套微喷设施的栽培场地，使用前1～2个月拆掉钢架大棚上的塑料膜，清除前茬栽培作物后翻土进行暴晒，栽培场地以沙性透气土壤为最佳。为减少病虫害的发生，提高产量，深耕暴晒时间应持续10天左右，配合使用石灰和广谱杀虫、杀菌剂进行杀虫、杀菌处理，每亩地石灰用量一般为50～75公斤。

土壤处理后即可进行整厢，厢面土壤以细碎平整、略有粗颗粒为宜。根据大棚菜地的形状，沿着大棚的走向起厢，一般厢宽80～100厘米、厢高10～15厘米，走道宽30～40厘米，标准8米宽的钢架大棚起5～6厢为宜,长度以菇棚的长度为准。

（三）设施要求

羊肚菌大田栽培一般以钢架大棚为宜。大棚骨架上先覆盖白色透明无滴塑料薄膜,塑料薄膜上覆盖隔热毛毡并进行固定,然后在钢架大棚内覆盖黑色六针扁丝遮阳网,遮阳网安装到钢架大棚卷膜器左右两边最下端。在大棚中装配2～3路微喷喷灌设施,保证每个厢面有水直接喷洒,以调节播种期、菌丝生长期和出菇期棚内土壤和空气湿度。

（四）播种时间及播种方式

羊肚菌大田栽培一般每亩地播种量为175～225公斤。包括武汉在内的长江流域,一般适宜在11月至12月上中旬进行播种,准备播种前需要查看当地历年11月份的天气及最近7～15天的天气预报,以确定最佳播种日期。11月播种,应在气温从20 ℃左右下降到10 ℃左右,然后在缓慢回升阶段同时为阴雨天气时进行播种最佳。12月播种,气温在10 ℃以上时进行最佳。

播种方式一般有穴播、撒播、行播。在生产过程中多用撒播,即将菌种掰成小块（2厘米×2厘米×2厘米）后均匀地撒在厢面上,然后用耙子将厢面菌种翻到土壤中。

（五）外源营养袋制作及使用技术

外源营养袋一般在播种后5～7天开始制作。常用

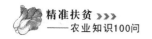
外源营养袋配方:麦粒 40%、谷壳 32%、粗木屑 15%、腐质草炭土 10%、石膏 1%、石灰 2%,含水率 50%～55%,pH 值为 7.5～8。

一般每亩地外源营养袋使用量为 300～500 公斤,在播种7～10天后,厢面上长满白色类似霜一样的分生孢子时,开始放置外源营养袋。外源营养袋的放置方法如下:

将营养袋的侧面打孔或划口,将打孔或划口的一面平放在厢面,稍用力压实。每袋间隔 30 厘米左右,在厢面上采用 5 点式摆放模式。

外源营养袋放置后,在 10～15 ℃低温的情况下,12～15天菌丝就长满整个营养袋。40～45 天后,外源营养袋内麦粒的营养被羊肚菌菌丝吸收,麦粒由饱满变瘪以后,外源营养袋收缩明显,即可移开。

(六)养菌管理

在菌丝的整个生长过程中,土壤湿度应保持在 30%～40%之间,以地表的土壤不发白,菌丝上有露珠的状态为最佳。每天中午前后卷起大棚两侧薄膜,通风 1～2 小时,保持棚内空气流通。当最低气温回升到 6～10 ℃时,应喷一次水,通过增加湿度直接刺激厢面菌丝以诱导菇蕾的发生,用水量约为 5 公斤/平方米,以微喷方式为主,不能进行大水漫灌。控制空气湿度在 85%～90%之间,厢面土壤湿度在 65%～75%之间。

（七）出菇管理

羊肚菌菇蕾形成期，菌床上会形成大量半透明的、前端呈灰黑色的原基颗粒，此时要保持菌床土壤的湿度。若外界气温低于 10 ℃，则需进行闭棚操作，以降低大棚内空气流动性。若外界气温高于 25 ℃，则应在中午前后开启背风一侧卷膜器进行通风。在出菇期间需做到精细化管理。

武汉春季气温变化幅度较大，出菇期间若遇连续阴雨天，应打开前后棚门，保持棚两侧卷膜器卷起以形成良好的通风环境。若遇倒春寒或冰雪天气，则应该闭棚，减少补水。出菇期间棚内气温宜保持在 15～18 ℃，同时保持大棚内光照均匀。

（八）采收及加工

当羊肚菌的子实体不再增大，菌盖脊与凹坑棱轮廓分明，菌柄要开始生长，肉质厚实、有弹性，且有浓郁的羊肚菌香味时应及时采收。

采收标准：早期菇采摘菇帽以 5～7 厘米为宜，中期菇采摘菇帽以 4～5 厘米为宜，尾期菇采摘菇帽以 4～4.5 厘米为宜。

采收时，利用锋利的小刀，在子实体菌柄近地面处沿地面水平方向切割摘下。采摘时保持手干净，避免厢面泥巴沾染在子实体特别是菌柄上，以免影响后期的商品性状。一次采收完毕后，再将遗留在土壤里的菌柄地

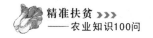
下部分挖出。

采收后进行热风干制。若天气晴好,可在阳光下晾晒减重 15%～25% 后上架烘烤;雨天则直接上架烘烤。按羊肚菌大小、厚薄、含水率不同分类摆放于带网孔的托盘上,不要挤压,适当预留一定的空隙。菇大、肉质厚实、含水量大的羊肚菌摆在上层。烘烤初期温度为 38～40 ℃,保持恒定温度维持 2～3 小时,风速为每秒 0.8～1 米;中期按每小时升高 2～3 ℃ 的速度升温,3～4 小时后将温度升至50 ℃,风速为每秒 0.7～0.9 米;后期烘烤阶段温度维持在 50～55 ℃ 之间,1 小时左右,风速为每秒 0.5～0.7 米,直至含水率下降到 10% 左右,最终完成羊肚菌烘烤干制过程。

71 常见食用菌病虫害的防控方法有哪些?

常见食用菌病虫害的防控方法详见表 2-2。在食用菌栽培中,病虫害防控的核心思想是以预防为主,综合防治。在生产前做好场地环境卫生,降低病虫害的原始基数。在生产过程中注重以物理防控为主,加强对病虫害的监测,如使用防虫网、黄板、诱虫灯对菇蝇、菇蚊进行防控,杜绝在出菇期间直接对菇体使用有害化学农药。采菇后应及时清理场地,避免菇脚等残留物滋生杂菌和虫害。

表 2-2 常见食用菌病虫害的防控方法

名称	使用方法	适用对象
75％乙醇	浸泡或涂擦	接种工具、子实体表面、接种台、菌种外包装、接种人员的手等
紫外灯	直接照射,紫外灯与被照射物距离不超过 1.5 米,每次照射 30 分钟以上	接种箱、接种台等,不得对菌种进行紫外照射消毒
	直接照射,离地面 2 米的 30 瓦紫外灯,可照射 9 平方米房间,每天照射 2～3 小时	接种室、冷却室等,不得对菌种进行紫外照射消毒
甲酚皂溶液（来苏水）	0.5％～2.0％,喷雾	无菌室、接种箱、栽培房及床架
	1％～2％,涂擦	接种人员的手
	3％,浸泡	接种器具
新洁尔灭	0.25％～0.50％,浸泡、喷雾	接种人员的手、手臂等,及培养室、无菌室、接种箱,不能用于器具的消毒

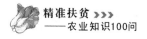

续表 2-2

名称	使用方法	适用对象
漂白粉	1%，现用现配，喷雾	栽培房和床架
	10%，现用现配，浸泡	接种工具
波尔多液	硫酸铜1克、石灰1克兑水100克，现用现配，喷雾、涂擦	栽培房、床架
敌百虫	稀释800倍，喷洒	用于对场所进行灭虫处理，不能直接在食用菌及其栽培基质上施用
磷化铝	5～7克/平方米，熏蒸	生产前和生产后对场所进行灭虫处理，出菇期间不得使用
4.3%高氯·甲维盐乳油（商品名:菇净）	0.13～0.22克/平方米	菇蚊、菇蝇、螨虫，安全间隔期为7天
25%除虫脲可湿性粉剂	120克/吨，拌土;4克/平方米，喷施	菇蚊,安全间隔期为7天

名称	使用方法	适用对象
3200 ITU/毫克苏云金芽孢杆菌以色列变种可湿性粉剂(缩写:Bti)	1.5～2.0克/升,喷施	菇蚊、蚤蝇、瘿蚊等
1%苦皮藤素乳油	稀释 1000～1500 倍,喷施	菇蚊、螟蛾类害虫,安全间隔期为 10 天
0.6%印楝素乳油	稀释 1000～1500 倍,喷施	菌蚊、螟蛾、跳虫类害虫,安全间隔期为 5 天
甲氨基阿维菌素苯甲酸盐(1%乳油、1.6%乳油、1.9%乳油、5%水分散粒剂)	1%甲氨基阿维菌素苯甲酸盐乳油稀释 1500～2000倍,喷施	鳞翅目昆虫的幼虫和螨类,安全间隔期为 7 天
鱼藤酮(2.5%乳油、7.5%乳油、6%微乳剂、2.5%悬浮剂)	2.5%鱼藤酮乳油用量为 40～60克/公顷,喷雾	螟蛾、菇蚊、跳虫类害虫,安全间隔期为 3 天
500 克/升噻菌灵悬浮剂	1:(1250～2500)(药料比),拌料;0.50～0.75 克/平方米,喷雾	褐腐病、木霉菌,安全间隔期为 10 天

【第三章】
果 树 栽 培

72 如何做好休闲观光采摘果园？

随着社会的发展，人们对参与性、体验性的消费需求越来越旺盛，休闲观光采摘果园应运而生。休闲观光采摘果园是在开发果树、生产果品的基础上，以美化环境、普及知识、陶冶情操、传承文化等功能为主的新型果园，将果树花果艳美、形状奇特、稀有罕见的观赏性状与功能充分挖掘出来，展现在人们眼前，让人们在观光果园的过程中品尝果实美味，同时开阔眼界、增长知识、体验园艺、愉悦身心，从而最大限度地发挥果树的综合效益。

（一）休闲观光采摘果园的选址原则

（1）交通便利原则。这是关系到今后休闲观光采摘果园客源是否有保证、经营效益高低的限制因素。因此，休闲观光采摘果园建议选择在通往旅游景区（点）交通干道两侧或国道、省道贯通的区域，有利于吸引游客，方便自驾游客找到目的地。

（2）土壤肥沃、排灌顺畅原则。可为果树生长提供良好的基础条件，节约建园时土壤改良的投入和后期管理成本。

（二）休闲观光采摘果园的类型及果树品种配置

湖北可供休闲观光栽培的果树品种有很多,品种选择要与当地气候条件和休闲观光采摘果园的定位相符,大致可分为以下几种类型:

（1）周年观光型。果园规模比较大,品种比较丰富,各品种均有一定的栽培面积,通过品种的搭配实现四季赏花、周年品果,满足游客常年观光采摘的需求。建议配置品种:草莓—樱桃—枇杷(杨梅)—桃(李)—梨(葡萄)—枣(猕猴桃)—柿—橘(蜜橘、椪柑、金橘)。

（2）专类品种型。搜集丰富资源,突出某一品种,以满足游客的好奇心。可选建桃园、李园、梨园、橘园、葡萄园、柿园、枣园等。

（3）现代设施栽培型。通过采用现代农业技术手段进行果树栽培,延长果实采收时间,展示现代农业技术,如设施栽培草莓、设施栽培葡萄等。

（4）节日烘托型。以各类节日营销为主的果树栽培形式,满足清明节、端午节、国庆节、中秋节、元旦等节假日游客休闲观光采摘的需要,烘托节日气氛。可选择搭配的品种形式有:清明节—草莓;端午节—枇杷、桃子;国庆节—蜜橘、猕猴桃;中秋节—石榴、柿子;元旦—椪柑、金橘。

（5）其他类型。如科普型,主要供游客特别是青少年游客开阔眼界、增长知识;绿化结合观光采摘型,在垂钓园、农林园、景区(点)绿化带中选用果树作为绿化树

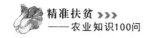
种,在美化环境的同时让游客赏花品果。垂钓池埂上可以种植樱桃,绿化带可以栽植枇杷、柿子、石榴等,还可修建葡萄绿荫长廊等。

（三）休闲观光采摘果园的市场营销策略

休闲观光采摘果园建起来后,效益的好坏、投资回报的高低在很大程度上取决于市场营销,故要通过有效的营销手段把游客吸引到果园来消费。具体的市场营销策略包括以下几种:

（1）节日营销。节假日是市民出游的主要时间段,配合各种节日举办相关果实品尝活动,既可增加节日欢乐气氛,又可加大休闲观光采摘果园的广告宣传力度,一举两得。

（2）科普营销。与中小学素质教育、全民科普活动相结合,将休闲观光采摘果园建成青少年素质教育基地、市民科普活动基地,以稳定客源。

（3）休闲营销。开辟果实采摘、园艺操作、果品加工等参与性强的活动项目,让游客体验园艺、愉悦身心,如修剪树体、自酿葡萄酒等。

（4）文化营销。中华传统文化源远流长,将果树的文化内涵挖掘出来,可以提升休闲观光采摘果园的层次,让游客在果园内休闲娱乐的过程中接受传统文化的熏陶,在愉悦身心的同时增长知识。如桃树可与"桃园三结义"等历史文化典故结合起来;枇杷可与"润肺化痰"的中医文化结合起来;枣子可与"补血"、猕猴桃可与

"防癌"等饮食保健文化结合起来等。

（四）适度规模经营要把握的"七个一点"

（1）品种少一点：果园果树品种控制在 3 个左右；

（2）规模小一点：20～50 亩，即一家人管理得过来；

（3）管理细一点；

（4）效率高一点：生产管理效率要高，技术管理操作及时到位；

（5）品质高一点：果品外观质量和内在品质要高，食用安全；

（6）价格贵一点：优质优价；

（7）效益好一点。

（五）果树栽培管理的省力化途径

果树栽培管理普遍会遇到用工难和用工贵的问题，致使生产成本不断提高，故省力化栽培成为必然要求。省力化包含两层含义：一是减少劳动力的使用，二是降低劳动强度。可通过下列途径实现果树栽培管理的省力化：

（1）选择抗性强、树体矮化的品种；

（2）利用矮化砧木，宽行密株栽植；

（3）合理使用激素，控制树体生长；

（4）简化土壤管理，合理翻耕培育；

（5）坚持"预防为主，综合防治"的原则来防治病虫害；

（6）开发简易机械，实施节水灌溉。

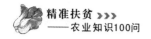
73 果树设施栽培主要有哪些形式？设施栽培条件下葡萄的主要病害有哪些？

一、果树设施栽培的主要形式

果树设施栽培主要有简易避雨棚栽培、单栋大棚栽培和联栋大棚栽培等形式。

（1）简易避雨棚栽培：就是沿果树栽植行搭建拱棚，仅在雨季盖上塑料薄膜，阻止雨水直接淋在果树的枝叶和果实上，减少病害和裂果的发生。这种栽培方式适合葡萄、猕猴桃和桃子等果树的生产型栽培。

（2）单栋大棚栽培：采用蔬菜大棚的材料建造，为肩高 2 米，跨度 6～8 米，顶高 3.5～4 米，长度 30～50 米的独立结构，适合草莓、葡萄、柑橘、枇杷、火龙果、桃子等果树的促成栽培。

（3）联栋大棚栽培：采用镀锌钢材建造，肩高 2.8 米、跨度 8 米、顶高 4.5 米，长、宽视地形条件而定的联体大棚结构，适合草莓、葡萄、柑橘（杂柑、橙、柚）、枇杷、火龙果、桃子等果树的观光型栽培，且便于设施内的机械化管理作业。

果树采用设施栽培后，可配套节水灌溉和水肥一体化设施，有利于节约水资源和提高肥料利用效率，提高果实品质。水肥一体化设施由水源(蓄水池)、肥料罐(池)、泵、管网、滴(喷)头等组成,每亩造价 1000~2000元。配套后,实现浇水与施肥一体化,可降低劳动强度、减少劳动力投入。

二、设施栽培条件下葡萄的主要病害

在长江中下游地区栽植葡萄,因葡萄生长期雨水多(梅雨季节),高温高湿条件有利于病菌生长,容易发生病害。传统露地栽培的葡萄,主要病害是黑痘病。采用设施栽培后,改变了生长环境,雨水被遮挡后湿度降低了,主要病害的种类也发生了变化。设施栽培葡萄的主要病害有:

危害花序的霜霉病、灰霉病、穗轴褐枯病等;危害枝叶的霜霉病、灰霉病、白粉病等;危害果实的灰霉病、白粉病、白腐病等。

上述病害均为真菌性病害,其防治措施有:

(1)做好田间土壤和水肥管理,提高树体的抗病能力。

(2)采取地面薄膜(双色膜)覆盖措施,阻止土壤里的病菌传播。

(3)交替使用杀菌剂喷施防治。

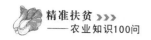

74 柑橘的栽培管理有哪些技术要求?

一、气候条件

柑橘果树生长发育、开花结果情况与温度、日照、水分(湿度)、土壤以及风力、海拔、地形和坡向等环境条件紧密相关,这些条件中影响最大的是温度。即使气温相差 0.5 ℃,有时也会出现截然不同的结果。柑橘果树抗寒性不太强,其生长发育要求的温度为12.5~37 ℃。秋季花芽分化,要求白天温度为 20 ℃左右,夜间温度为10 ℃左右,根系生长的土温与地上部大致相同。

过低的温度会使柑橘受冻,甜橙在−4 ℃,温州蜜柑在−5 ℃时,枝叶会受冻;甜橙在−5 ℃以下,温州蜜柑在−6 ℃以下时,枝干会被冻伤;甜橙在−6.5 ℃以下,温州蜜柑在−9 ℃以下时,植株会被冻死。因此,要栽培柑橘,首先要了解当地的气候条件是否满足柑橘种植要求,以避免损失。

二、虫害防治

(一)红蜘蛛、黄蜘蛛

红蜘蛛、黄蜘蛛主要危害柑橘嫩枝、嫩叶和幼果。

生物防治方法:

（1）红蜘蛛、黄蜘蛛的天敌很多，如食螨甲、捕食螨、草岭、蓟马、蜘蛛等，这类天敌食量大、活动期长，可利用这些天敌对红蜘蛛、黄蜘蛛进行控制。

（2）修剪果树时，剪除虫口密度大的枝叶。

药物防治方法：

（1）冬季可用1.5波美度的石硫合剂进行清园。

（2）次年早春至春梢抽发和开花前期，可用以下任何一种药剂或两种药剂交叉使用：

0.3～0.5波美度的石硫合剂，5％噻螨酮乳油1500～2000倍液，灭扫利乳油2500～3000倍液，20％单甲脒水剂或双甲脒乳剂1000～2000倍液，40％水胺硫磷乳油800～1000倍液。

（二）锈壁虱

锈壁虱主要危害柑橘叶背和果实，其中果实受害较严重。

防治方法：在5月下旬开始喷药，使用水胺硫磷乳油800～1000倍液，或40％氧化乐果乳油800～1000倍液。

（三）花蕾蛆

花蕾蛆主要危害柑橘花蕾，受害后花蕾肿胀、畸形，俗称"算盘子""灯笼花"。

防治方法：当花蕾直径达2毫米左右由青转白前，在地面撒药防止花蕾蛆成虫出土后产卵于花蕾内。每亩用3％呋喃丹颗粒剂0.75公斤，拌细土25公斤于地

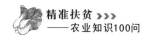
面撒施;或每亩用 10％二嗪农颗粒剂 1.25 公斤,拌细土 25 公斤于地面撒施;也可用 50％辛硫磷乳油 1000～1500 倍液喷施地面。成虫盛发期,用 90％敌百虫 1000 倍液或 2.5％溴氰菊酯 5000 倍液喷施树冠。

(四)潜叶蛾

潜叶蛾主要危害夏梢、秋梢,俗称绘图虫。

防治方法:7 月下旬或 8 月初,当夏、秋梢抽发到 5 厘米,梢抽发率达到 20％以上时,开始喷药,以后每隔 7～10 天喷 1 次,连续 3～5 次。使用药剂为 2.5％溴氰菊酯 3000～5000 倍液或 25％西维因粉剂 600～800 倍液。

(五)矢尖蚧

矢尖蚧若虫、雌成虫危害柑橘枝、叶、果,一年发生 2～3 代,4 月中下旬可见若虫出现,8 月上旬出现第二次盛发期。荫蔽、潮湿的果园或树冠内部透光不良的地方易发生。

防治方法:首先剪除病弱枝以及虫害严重的枝叶,然后于 5 月中旬前后每隔 4 天喷 1 次药,连续 2 次。用 50 倍液的机油乳剂或 80 倍液的机油乳剂与 1500 倍的水胺硫磷混合液进行喷雾防治。另外,喷 1000 倍液的 40％速扑杀有特效。

(六)星天牛

星天牛成虫产卵于根际,幼虫危害根部,又称盘根虫。

防治方法:于 5 月中旬成虫羽化前,在树干涂白剂中

加入 1％的敌敌畏,搅拌后涂刷于树干基部,可预防星天
牛成虫(涂白剂也可以按双飞粉∶胶水∶杀虫剂∶水＝
5∶1∶0.1∶10 的质量比自行配制);5～6 月成虫羽化盛
期,在晴天人工捕杀成虫,除去虫卵,钩杀幼虫或用乐果
乳油堵塞虫孔。

（七）蚜虫

蚜虫主要危害嫩梢、嫩叶,5～6 月为危害盛期。

防治方法:喷施 50％辛硫磷乳油 3000 倍液,40％
乐果乳油或 40％氧化乐果乳油 2000 倍液,80％敌敌畏
1000 倍液。

三、病害防治

柑橘大多数病害主要由真菌引起,加强肥水管理,
增强树势,提高树体的抗病能力是根本;适时修剪,增强
通风透光性是降低病害发生的有效辅助措施。防治虫
害时混合杀菌剂同步施药,并将不同类型杀菌剂交替使
用,能有效防治各种病害的发生,无须单独施用防病药
剂,以减少施药用工量。

四、周年栽培管理

应根据柑橘生长规律,科学合理地安排柑橘果园一
年的农事,以获得高产、高效益。可参照武汉地区温州
蜜柑生产管理年历（表 3-1）,并结合当地的物候适时
安排。

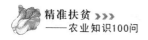

表 3-1　武汉地区温州蜜柑生产管理年历

月份	节气	物候期	幼龄树	成年树
1 月	小寒 大寒	相对休眠，花芽分化	挖定植穴，摇雪，培土，防寒、防冻	培土，防寒、防冻，摇雪
2 月	立春 雨水	相对休眠，花芽分化	定植，补植，追肥，深翻	防冻，摇雪，深耕
3 月	惊蛰 春分	相对休眠，萌芽	施肥，整枝修剪，松土除草，定植、补缺株	扒开冬季培土，施芽前肥，树体消毒、修剪，松土除草，防治疮痂病及红蜘蛛
4 月	清明 谷雨	萌芽，开花	施肥，摘花蕾或适当留蕾结果，除萌摘心，拉枝整形，大枝环割保果	松土除草，除萌抹芽，开沟排渍，防治脚腐病和花蕾蛆，叶面喷肥，保花保果
5 月	立夏 小满	开花，一次落果，春梢生长	施肥（复合肥），松土除草，抹芽摘心，控梢	低洼地注意排水防渍，松土除草，叶面施肥以保花保果，防治锈壁虱
6 月	芒种 夏至	生理落果，夏梢发生	施肥，除萌和长梢摘心，松土除草，整形修剪	施稳果肥，松土除草，夏季修剪，防治凤蝶、潜叶蛾，叶面喷肥

月份	节气	物候期	幼龄树	成年树
7月	小暑 大暑	果实膨大, 夏梢生长	施肥, 长梢 摘心, 树盘覆 盖, 及时抗旱	抹夏梢保果, 浇水 抗旱, 叶面喷肥, 树盘 覆盖, 重施壮果促梢肥 (7月中下旬)
8月	立秋 处暑	果实膨大, 秋梢生长	灌水抗旱, 松 土保墒, 抹芽摘 心, 拉枝整形	松土保墒, 浇水抗 旱, 防治凤蝶和红、黄 蜘蛛, 叶面喷肥
9月	白露 秋分	果实膨大, 秋梢生长	秋梢摘心, 修剪整形, 浇 水抗旱, 松土 除草	浇水抗旱, 叶面喷肥
10月	寒露 霜降	果实采收, 新梢停长	浇水抗旱, 松土除草, 早 熟品种果实采 摘, 果树修剪	浇水抗旱, 果实采 收, 施还阳肥, 叶面 喷肥
11月	立冬 小雪	果实采收	采果, 深耕 改土, 施基肥, 树体消毒	果实采收, 施基肥, 深翻改土, 修剪
12月	大雪 冬至	相对休眠, 花芽分化	培土, 防寒	培土壅蔸, 防寒、 防冻

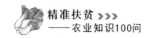

75 猕猴桃栽培管理有哪些技术要求?

（一）选择园地

种植猕猴桃的地方,在气候条件上要满足年平均温度为 10～18.5 ℃,1 月份平均气温在－3.5 ℃以上,7 月份平均气温为 25～28 ℃,极端最高气温不超过 42 ℃,最低气温不低于－20 ℃,全年无霜期达 210 天以上,生长期有效积温为 4500～5200 ℃,平均降雨量为 600～1200 毫米,平均日照时间达 1850 小时以上。要求地下水位在 1.2 米以下,土层深厚、土壤肥沃,以通透性良好,有机质含量高,pH 值小于 7 的中性略偏酸的沙壤土为宜。另外,水源充足、灌溉方便、交通便利也是地块选择必须考虑的因素。只有满足这些气候及立地条件,猕猴桃才可以健康地生长。反之,猕猴桃会因为对气候和立地条件的不适应,致使栽培管理难度增加。一方面会造成猕猴桃产量低且不稳,果品质量差;另一方面还会造成猕猴桃病虫害发生严重,增加果园用药量和用药次数,进而增大农药污染果品的概率。

猕猴桃是喜光果树,在山区选择园地时,宜选向阳的南坡、东南坡和西南坡,坡度一般不超过 30°,坡度大的还需进行坡改梯处理,以便于后期的整地及搭架,减少土壤水分及养分的流失。平原地区选择地块,需考虑及时排水和降低水位。

（二）土地整改

根据猕猴桃生长过程中对环境及立地条件的要求，选好地块后，需对园地进行土地整改，具体整改措施如下：

（1）除杂。在荒地或林地建园时，必须使用挖机连根清除地面杂草及其他林木，清出的植物置于地块上用于后续的填埋。如果是林地，植物量较大，可先放线把道路整理出来，然后在种植地块上一边除杂、一边开挖种植槽并回填。

（2）放线。除杂完成后，根据规划施工图对道路、水塘、排水沟渠等进行放线，以便于机械施工。

（3）整地形。根据放好的线，对道路、水塘、排水沟渠等进行土方施工，并对种植地块进行整理（平整、改坡、改梯等）。

（4）挖种植槽。完成地块整理后，在天气晴好时开挖种植槽。根据不同地块排水要求确定种植槽的开挖方向（陡坡地需进行改梯处理的例外，此地形开挖方向应与坡向垂直），原则是有利于排水，然后放好种植槽的开挖线。如果除杂留下的植物较多，可先将杂物清理后置于种植槽开挖线的一侧，再挖种植槽。种植槽间距4米，深度80～100厘米，宽度约80厘米（不同挖机，宽度可不同），挖出的土方置于种植槽另一侧，如图3-1所示。

图 3-1　种植槽

（5）填有机质。完成一段或一整条种植槽的开挖后,可将清理出的杂草、杂木等有机质填入沟槽中,厚度为30～50厘米。有机质量不够的,可从别处收集后填入。

（6）回填土。填完有机质后,将先前堆于一侧的土方回填到沟槽中,回填土填至原地面后需继续回土作垄。开挖出的土方不够时,可从两条种植垄中间平均取土作垄。垄宽1～1.5米,垄填至30厘米高就可进入下一步工作。如果地下水位较高,需加大垄的高度,直至达到建园水位要求为止。

（7）施有机肥。种植垄做好一段或一整条后,在垄面中间铺施有机肥,厚度约10厘米,宽度为50厘米左右。

（8）盖土。在种植垄两边均匀取土填于垄面,使垄面高度增加20～30厘米,同时将施下的有机肥完全封盖。

（三）种植品种

品种的选择原则是:品质好、抗病力强、商品性好、产量适中。苗木应品种纯正，无检疫性病虫害，生长健壮。目前可以选择的猕猴桃品种有东红、徐香、金果、金魁、金桃等。

（四）栽植要求

（1）栽植密度。一般猕猴桃栽植株距约为 3 米，行距约为 4 米，雌雄株比例一般为 8:1。

（2）栽培时期。栽培时期分为秋植和春植两个时期，其中秋植在落叶后至地冻前进行，春植在早春解冻后至萌动前进行。

（3）定植方法。按照定植点开挖 30～40 厘米见方的定植穴，每穴施入过磷酸钙 1 公斤并拌土，将苗木留 3～4 个芽后剪短，修去根部死根、病根、伤根和过长根，在多菌灵和生根剂配成的溶液中浸泡 5～10 分钟（如果苗木有失水现象，浸泡时间可稍延长）。

（4）栽植时做到以下几点：

浅：根颈部大致与地面持平，嫁接口露在地表以上约 5 厘米。

正：苗木要扶直摆正，苗与地面呈 90°角。

匀：使苗木根系舒展，在穴内均匀分布。

实：栽后提苗压实，使根系与土壤充分接触。

足：浇足定根水，每株浇 2～4 公斤水。

（五）架式搭建

猕猴桃是一种多年生的藤本果树，搭建支架既能使其获得足够的光照和担负果实的重量，又有利于田间的

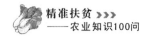
各项管理工作。

生产上常用的架形有棚架、T形架及单壁篱架三种。

(1) 棚架

在支柱上纵横交错地架设横梁或加上钢丝,其形似荫棚,故称棚架,如图3-2所示,它适于平地果园和庭院栽培使用。棚架柱高2.4～2.6米,埋入土中0.6米,地上部分高1.8～2米,立柱间距6米左右。每块地四周立柱的顶部设三角铁或钢筋,以便在立柱与立柱之间每隔60厘米左右拉一根钢丝,并能拉紧呈网格状。

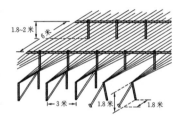

图 3-2　棚架

(2) T形架

T形架(图3-3)是在立柱的顶部设一横梁,横梁之间用4道10号钢丝相连,再在立柱距地面1米处拉1道10号钢丝。柱高与棚架相同,柱顶的横梁长2米,每边各伸出1米,横梁与立柱间可加三角铁,用以加固。

(3) 单壁篱架

篱架是指架面与地面垂直,呈篱笆状的架子。目前生产上常用的是单壁篱架,如图3-4所示。这种架形比较适合用于山地猕猴桃园。每隔6米立一根立柱,柱长

主蔓

结果母枝 主干

图 3-3 T 形架

2.6 米,埋入土中 0.6 米。自地面开始每隔 0.5 米拉 1
道 10 号钢丝,共拉 4 道。

图 3-4 单壁篱架

【第四章】
畜 禽 养 殖

76 蛋鸡育雏的注意事项和影响蛋鸡产蛋率的因素有哪些?

一、蛋鸡育雏的注意事项

(1) 温度:出壳后一周内温度保持在 35 ℃左右,随着日龄的增加,冬季每周下降 1~2 ℃,直至常温;其他季节每周下降 2~3 ℃,直至常温。

(2) 饮水:雏鸡出壳后若不及时喂水,24 小时后会失去体内 8%的水分,48 小时后会失去体内 15%的水分,故雏鸡出壳后应注意不要断水。注意水温和水质,少喂勤添,第 1 次饮水给予 2%的糖水。

(3) 密度:育雏密度要适宜,密度过大会影响鸡舍环境与雏鸡生长发育,密度过小则鸡舍和设备利用不足。

(4) 光照:出壳后 3 日内每日应给予 23 小时光照,以后逐渐减少,直至每日 8~10 小时自然光照。

(5) 湿度:一般 10 日龄内湿度保持在 65%左右,10 日龄后湿度保持在 55%左右。

二、影响蛋鸡产蛋率的因素

蛋鸡产蛋是一个复杂的过程,受各种因素的影响,品种、饲养环境(包括养殖密度、温度与湿度、空气质量、光照等)、饲料营养水平和疾病等都对蛋鸡的产蛋率有着明显影响。其中,饲养环境和饲料营养水平是影响蛋鸡产蛋率的首要因素,通过改善养殖环境,包括适当降低饲养密度、适当增加通风来降低有害气体浓度等,以及合理调控饲料的蛋白质水平、能量水平、矿物质及维生素水平等,可以有效提高蛋鸡的产蛋率,从而提高蛋鸡养殖场的经济效益。

77 林下土鸡养殖适宜的养殖条件有哪些?

林下土鸡养殖,选择适宜的养殖地点和环境至关重要。周围环境条件、水源直接关系到土鸡及鸡蛋的品质。

(1) 适宜的林地要求宽敞开阔,交通便利,坡度5°～30°,草源丰富,小溪或山泉清澈无污染,最好与村庄保持一定距离。

(2) 土鸡养殖密度最好控制在 40～50 只/亩,这样土鸡的活动可以清除部分林下的杂草和某些昆虫,产生的粪便还可直接提高土壤的肥力,有利于果树生长。种养结合,实现生态循环发展。

78 引种时如何挑选架子牛？牛疥螨如何治疗？

一、引种要求

（1）品种的选择。架子牛多选择优良肉用品种（如夏洛莱、西门塔尔等）与地方品种杂交改良的后代公牛。

（2）年龄的选择。架子牛的育肥主要是以短期育肥为目的，故大多选择年龄在 1～2 岁的架子牛，不宜超过 3 岁。

（3）体况的选择。一般适合育肥的架子牛从整体上来看，发育良好，健康无患病；体形较大，膘情中等；背腰长、宽、平，臀部、后躯宽且方大，胸部、臀部成一条线；头较宽而颈粗短，十字部高过肩顶；胸部宽而丰满，并且突出于两前肢之间；肋骨的弯曲大，并且肋间隙较宽；四肢粗壮端正，坐骨端距离宽；牛蹄大且结实，管围较大；尾巴根粗壮；皮肤松软、有弹性，被毛密而有光泽。

二、牛疥螨治疗

（1）注射药物：伊维菌素或同类药物。应用伊维菌素时，剂量可按每公斤体重 100～200 微克估计，具体按药品说明书操作。

（2）局部涂药：适合于病畜数量少、患部面积小的情况，可在任何季节应用，但每次涂药面积不得超过牛体表的 1/3,如 5% 敌百虫溶液。

（3）药浴治疗:该法适用于气候温暖的季节,药液可选用 0.5%～1% 敌百虫溶液,0.05% 辛硫磷乳油,0.05% 双甲脒溶液等。

采用局部用药和药浴治疗时,需防止病畜药物中毒。

79 我国规定的一类动物疫病有哪些?

我国规定的一类动物疫病主要包括口蹄疫、猪水泡病、猪瘟、非洲猪瘟、高致病性猪蓝耳病、非洲马瘟、牛瘟、牛传染性胸膜肺炎、牛海绵状脑病、痒病、蓝舌病、小反刍兽疫、绵羊痘和山羊痘、高致病性禽流感、新城疫、鲤春病毒血症、白斑综合征。

80 怎样做才能保证疫苗免疫效果?

疫苗接种是有效预防动物传染病的重要措施之一。疫苗能否发挥有效的免疫效果,主要取决于疫苗质量以及机体自身免疫应答能力等。为保证疫苗免疫效果,应做到以下几点:

（1）选择正规厂家生产的合格疫苗,并且与当地流行的血清型或基因型一致,按要求低温或冷冻保存和运输。

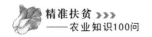

（2）科学规范使用。各养殖场需根据自身情况和地区流行的疫病种类合理制定科学的免疫程序，并按疫苗说明书规定的接种方式、接种剂量进行免疫接种，严格消毒，一畜一针。

（3）注重饲养管理，避免畜禽在应激状态、健康状态低下或疾病状态等情况下接种疫苗。

（4）接种疫苗前后一周内避免使用抗生素或降低机体免疫力的药物。

81 什么是生物安全防控措施？

生物安全防控措施主要是为控制病原微生物的传播所采取的一系列方法。对于畜禽养殖场，主要涉及以下三个层次：

（1）防止养殖场外的病原微生物进入场内，主要措施包括养殖场科学合理的选址和结构规划设计，进出人员和车辆的管理以及清洗消毒等。

（2）防止进入养殖场内的病原微生物在场内不同区域扩散蔓延，主要措施包括全进全出制度，场内定期消毒，人员不串栏，出现病畜及时隔离或进行无害化处理等。

（3）防止养殖场内已经蔓延的病原微生物传播出去，主要措施包括及时对病死畜进行无害化处理，栏舍及通道彻底清洁消毒，进出人员和车辆的管理和清洗消毒等。

82 什么是能量饲料和蛋白质饲料？常见的能量饲料和蛋白质饲料有哪些？

能量饲料是指干物质中粗纤维含量低于 18%，粗蛋白含量低于 20% 的饲料；蛋白质饲料是指干物质中粗纤维含量低于 18%，粗蛋白质含量达到或超过 20% 的饲料。

常见的能量饲料包括谷实类（玉米、大麦、燕麦、稻谷、高粱等）、糠麸类（麸皮、米糠等）、块根块茎类（马铃薯等）和乳清粉等；常见的蛋白质饲料包括鱼粉、饼粕类（豆粕、菜籽粕、棉籽粕等）和玉米酒糟等。

83 畜禽粪污处理的基本原则是什么？常用的处理方式有哪些？

（一）基本原则

畜禽粪污处理应遵循"减量化、资源化、再利用"的基本原则。

（二）常用的处理方式

常用的处理方式包括自然堆肥，沼气工程（包括沼液、沼渣的利用），污水深度处理，生产有机肥以及养殖蚯蚓、黑水虻等。养殖场可结合自身情况选择合适的畜禽粪污处理方式，以达到种养结合、循环利用、节能增效的效果。

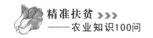

84 为什么要控制牛羊布氏杆菌病和结核分枝杆菌病?若牲畜有机磷中毒应如何抢救?

一、菌病控制

牛羊布氏杆菌病和结核分枝杆菌病分别是由布氏杆菌和结核分枝杆菌引起的人畜共患传染病。牛羊感染布氏杆菌病主要引起母畜流产、胎衣滞留、子宫内膜炎和不孕等;感染结核分枝杆菌病则多不表现临床症状,长期感染的表现为顽固性干咳。

人接触到病畜或带菌乳制品时均可被感染。因此,我国将这两种传染病均列为二类动物疫病,目前主要采用"检测—扑杀—监测—净化"的策略控制这两种传染病的发生和流行,这对维护畜牧业持续发展和人类健康至关重要。

二、牲畜有机磷中毒处理

含有机磷的农药包括敌百虫、敌敌畏、乐果等,这类农药杀虫力很强,牲畜误食被农药污染的草料、水源或经皮肤、呼吸道吸入能引起中毒,严重时甚至造成死亡。临床上通常使用阿托品、碘解磷定和氯解磷定等处理牲畜有机磷中毒情况。

(1)阿托品:具有阻断 M 受体的作用,仅能对抗乙酰胆碱,减轻或消除牲畜部分中毒症状;对于严重中毒病例,应与碘解磷定、氯解磷定等配合使用。参考用法及用量:皮下注射或肌肉注射用量为 0.2～0.5 毫克/公斤。

（2）碘解磷定或氯解磷定:为胆碱酯酶复活剂,能将结合在胆碱酯酶上的磷酰基夺过来,恢复酶的水解能力。参考用法及用量:静脉注射用量为 20 毫克/公斤。

85 养殖场常用的消毒剂有哪些？病死畜禽无害化处理方式有哪几种？

一、养殖场常用消毒剂

消毒剂品种繁多,按其性质可分为醇类、碘类、碱类、醛类、酚类、氧化剂类、卤素类、季铵盐类等。常见的消毒剂有氢氧化钠（又名烧碱）、生石灰、戊二醛、酒精、碘酊、聚维酮碘、新洁尔灭、高锰酸钾、过氧化氢、苯酚等。养殖场可根据实际情况选择合适的消毒剂。

二、病死畜禽无害化处理方式

所谓无害化处理,是指用物理、化学等方法处理病死及病害动物和相关动物产品,消灭其所携带的病原体,消除危害的过程。目前主要采用焚烧法、化制法、深埋法和硫酸分解法等处理病死畜禽。

（1）焚烧法

焚烧法是指在焚烧容器内,使病死及病害动物和相关动物产品在富氧条件下进行氧化反应,或在无氧条件

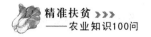
下进行热解反应的方法。

（2）化制法

化制法是指在密闭的高压容器内，通过向容器夹层或容器内输入高温饱和蒸汽，在干热、压力或蒸汽、压力的作用下，处理病死及病害动物和相关动物产品的方法。

（3）深埋法

深埋法是指按照相关规定，将病死及病害动物和相关动物产品投入深埋坑中并覆盖、消毒，处理病死及病害动物和相关动物产品的方法。应选择地势高燥，处于下风向的地点，且远离养殖场、隔离场所、屠宰加工场所、城镇居民区、动物诊疗场所、动物和动物产品集贸市场、主要河流及主要交通干线等。坑底应高出地下水位1.5米以上，坑内需覆盖生石灰或漂白粉消毒，病死及病害动物和相关动物产品投入坑内焚烧完全后，再覆盖一层生石灰或漂白粉消毒，最上层距离地表1.5米以上。该法不得用于患有炭疽等芽孢杆菌类疫病，以及牛海绵状脑病、痒病的动物及其产品的处理。

（4）硫酸分解法

硫酸分解法是指在密闭的容器内，在一定条件下，用硫酸将病死及病害动物和相关动物产品进行分解的方法。

【第五章】
水 产 养 殖

86 养鱼池塘应具备哪些条件？什么是标准化池塘养殖模式？

一、养鱼池塘应具备的条件

养鱼池塘条件直接关系到鱼的产量、品质。鱼池的主要条件包括水源、水质、面积、水深、土质、鱼池环境及周围环境等。

（1）水源与水质。鱼池要建在靠近河、湖、水库等水源充足、排灌方便的地方。鱼池水质应符合《无公害食品　淡水养殖用水水质》（NY 5051—2001）的要求。

（2）面积与水深。鱼池面积和水深具体依鱼池用途而定。如"水花"发塘池，要求面积1～4亩，水深1～1.5米；大规格鱼种培育池，要求面积5～10亩，水深1.5～2米；商品鱼养殖池，要求面积10～15亩，水深2～2.5米；亲鱼培育池，要求面积4～5亩，水深2～2.5米。

（3）土质。土质以壤土最好，黏土次之，沙土最差。当鱼池清整后，池底要留15～20厘米厚的淤泥，这样有利于池中营养盐的调节，以及饵料生物的生长和繁殖。

（4）鱼池环境及周围环境。鱼池以东西长、南北窄

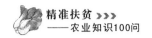
的长方形为宜,以利于延长光照时间。鱼池周围最好不要有高大的树木、房屋,以免遮阳挡风,影响水温的升高和水中溶氧的补充。

二、标准化池塘养殖模式

标准化池塘养殖模式是根据国家或地方制定的"池塘标准化建设规范"进行改造建设的池塘养殖模式,其特点为"系统完备、设施设备配套齐全,管理规范"。标准化池塘养殖场应包括标准化的池塘、道路、供水、供电、办公等基础设施,还有配套完备的生产设备,养殖用水要达到《渔业水质标准》(GB 11607—1989)的要求,养殖排放水要达到《淡水池塘养殖水排放要求》(SC/T 9101—2007)的要求。标准化池塘养殖模式应有规范化的管理方式,有苗种、饲料、肥料、鱼药、化学品等养殖投入品管理制度,以及养殖技术、计划、人员、设备设施、质量、销售等生产管理制度。

标准化池塘养殖模式是目前集约化池塘养殖推行的模式,适合大型水产养殖场的改造建设。

87 "水花"发塘的主要技术环节有哪些?提高鱼苗成活率的综合措施有哪些?

一、"水花"发塘的主要技术环节

"水花"幼嫩,对环境的适应能力较弱,发塘技术要求高,发塘成活率的高低取决于诸多因素,具有不稳定性。其主要技术环节包括：

（1）清塘消毒彻底。一般在鱼苗下塘前 10～15 天，用药物对鱼池进行彻底消毒，要求消灭池中螺、蚬、小杂鱼、病原微生物等一切有可能危及鱼苗的敌害生物。

（2）施足基肥，培肥水质。在"水花"下塘前 2～3 天（气温高时前 1～2 天），培育轮虫等天然活饵料。鱼苗培育期间确保饵料生物适口且充足。

（3）下苗前 1 天拉空网。其作用是清除池中可能存在的敌害生物，如昆虫、蝌蚪、幼虾等。

（4）选好鱼苗及时下塘。下塘鱼苗要求腰点大部分已经显现，肉眼清晰可见，卵黄囊基本消失，体色清淡，在鱼盘内能逆水游动，去水后能在盘中弯体摆动，选择这样品质的鱼苗下塘是提高成活率的基础。老口鱼苗则身体消瘦，体色发黑，游动无力，这样的鱼苗下塘成活率低，甚至为零。一般情况下，鱼苗下塘宁嫩勿老。

（5）科学管理，谨防培育期间发生病害。

二、提高鱼苗成活率的综合措施

（1）彻底清塘，杀虫灭菌；

（2）基肥培水，肥水下塘；

（3）适时下塘，合理密放；

（4）及时追肥，投足饲料；

（5）浅水下塘，分期注水；

（6）坚持巡塘，精心管理；

（7）锻炼鱼体，及时分塘。

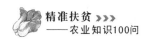

88 进行商品鱼养殖时,怎样选购合格的鱼种?
什么时候放养鱼种最合适?

一、鱼种选购

选择合格的鱼种是养鱼取得高产、高效的前提。首先要选准进苗单位,首选那些规模大、技术力量雄厚的科研单位或正规繁殖场、种苗场;其次是选择大规格鱼种,规格越大,成活率越高,生长越快;最后要求鱼种体质健壮,如优良夏花,规格一致,头小背厚,体色光亮,肌肤润泽,无寄生虫,游动活跃,逆水性强,受惊时反应敏捷。

二、鱼种放养

夏花鱼种放养的时间一般在 6 月,一般当年水花培育的夏花鱼种,放养时间早,则能更早养成商品鱼上市。冬片鱼种放养通常是从 11 月中下旬开始,至翌年 2 月底完成,尤以"腊水放养"为最佳时机。鱼种放养要选择晴天进行,如遇寒流、雨雪、大风、冰冻等恶劣天气时,应改期放养,以免鱼种冻伤。

89 为什么说传统渔肥施用存在局限性?施用微生物菌肥的优势是什么?

一、传统渔肥存在局限性的原因

无机肥和有机肥在我国池塘养鱼过程中有着悠久

的历史,尤其在 20 世纪七八十年代以肥水养鱼为主的阶段,曾发挥过巨大的作用。但随着社会的进步,养殖技术不断提高,这两种传统渔肥逐渐显现出其施用的局限性,主要体现在以下几个方面:

(1)无机肥为速效肥,肥效不持久,长期使用易造成池底板结;使用频率大,使用成本高;对水质污染较严重;成分单一,难以满足水产动物对营养元素多方面的需求;限制性强,尤其是高温季节大量使用时,易造成养殖水体氨氮含量超标,从而抑制鱼类正常生长。

(2)有机肥使用量大,劳动强度大;所含物质复杂,肥效不易控制;肥效来得慢;有机质分解耗氧量大,易造成池水缺氧;易引入有害病原体,导致鱼病发生概率高,从而增加池塘用于防治鱼病的药物成本。

二、微生物菌肥的优势

微生物菌肥是指以畜禽粪便和其他有机物为主要原料,利用生化工艺和微生物技术,彻底杀死病原菌、寄生虫卵,并利用微生物分解有机质,将大分子物质变成小分子物质,达到除臭、腐熟、脱水、干燥的目的,从而制成的具有优良物理性状、氮磷比适中、肥效优质的生物肥料。

与传统渔肥相比,它有如下明显的优势:

(1)用量较传统渔肥少,劳动强度大大降低。

(2)能快速、定向培养硅藻、隐藻、金藻等易于鱼类消化吸收的优良藻类,促进鱼类快速生长,从而提高池

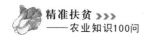

塘养鱼效益。

（3）施入水体后能与内源性益生菌及其他有益菌群发生共生增殖作用,从而改良水质,达到预防疾病的目的。

（4）营养全面且易于被水体吸收,从而减少对水质的污染。

90 无公害水产品的生产如何实现"从池塘到餐桌"的全程质量控制?

无公害水产品生产全程质量控制,涉及生产地的环境条件、生产技术、投入品(包括饲料、肥料、渔药等)的使用,以及水产品的捕捞、包装、运输、贮存(或暂养)、加工等环节。各个环节互相紧扣、互相衔接,都要严格按无公害食品标准组织生产。

（1）产地要求:生产无公害水产品的首要前提是良好的产地环境,尤其是养殖水体水质应始终符合国家养殖用水标准。如果在被污染的水体中进行水产养殖,污染物会直接进入水产品,进而给人体带来危害。

（2）苗种要求:苗种应符合相关标准,放养前应进行检疫、防疫。

（3）投入品管理:首先,要保证投入品符合质量标准,严格按照国家相关规定进行,严禁使用各种违禁品;其次,要按无公害养殖技术的标准,科学、合理地使用投入品。

此外,在水产品的捕捞、包装、运输、贮存(或暂养)以及加工等诸多环节,应严格控制、谨防污染。

91 怎样科学合理地选择养殖品种？如何确定养殖模式？

一、养殖品种的选择

进入 21 世纪,农业供给侧结构性改革已是未来渔业创新发展的重点,水产养殖应以实现优化供给、提质增效、农民增收为目标。部分品种养殖效益开始下滑,增产不增收,这就要求渔民必须紧跟市场需求,选择具备市场竞争力的优质良种。通俗地说,适宜的养殖品种需具备"好养、好卖、好赚钱"三个条件。具体包括:

(1) 具备养殖品种所需的生态条件,如池塘条件、水质条件、气候条件等。

(2) 苗种来源稳定、价格适中,苗种品质纯正、性状优良。

(3) 饵料问题较易解决。

(4) 养殖过程中的技术问题已基本得到解决,如人工繁殖技术、种苗培育、驯化投饵、病害防治等全套技术问题。

(5) 能被市场消费者所接受,市场售价较高,能取得显著经济效益。

(6) 选择具备区域特色的土著品种进行驯化养殖,如湖北地区宜以长江名优鱼类为主进行养殖。

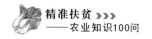

二、养殖模式的确定

（1）从充分利用时间、季节差的角度确定养殖模式。

① 多茬养殖：即一年内在同一池塘多次放养、多次全塘起捕的养殖方式，如虾、鱼两茬养殖。

② 反季节养殖：通过创造条件，使水产品在夏、秋高温季节上市，获得高收益，如鳜鱼、黄颡、越冬麦鲮、淡水白鲳等。

③ 缩短养殖周期养殖：选择优良的品种，通过充足的饵料供应及科学的养殖管理快速养成上市，如鳜鱼良种快速养殖（百日上市），赶在夏季上市，可获得较高收益。

（2）从充分利用水体空间的角度确定养殖模式。

① 多级轮养：即在同一池塘内按上层鱼、中层鱼、底层鱼类型，以不同的规格混养，待大规格鱼种长成商品鱼后，捕大留小，轮捕轮放。

② 网拦养殖：将池塘人为地分隔成多个小水域，分别放养不同品种、不同规格的养殖对象。如池塘面积较大，插网片分隔后，在较小区域放养名优品种，其他区域养殖常规鱼或饵料鱼，以此来提高收益。

③ 网箱养殖：在水质较好、水深 2 米以上的大池塘，架设多个小网箱养殖名优品种，提高经济效益，如池塘网箱养鳝。

④ 立体养殖（或称生态养殖）：即在有限的池塘空

间范围内,人为地将不同种类的动物群体以饲料为纽带串联起来,形成一个循环链,最大限度地利用资源,降低成本。如鱼-菜、鱼-禽立体混养。

（3）从充分利用资源的角度确定养殖模式。

① 水资源:如可利用流水资源进行高密度流水养殖,水库坝下养殖即属于此类型;可利用温水资源进行热带鱼养殖,如罗非鱼、淡水白鲳、甲鱼养殖等。

② 草资源:可种草养鱼,种草养虾、养蟹等。

③ 野杂鱼资源:可利用野杂鱼来养殖肉食性鱼类,如鳜、鲇、鲈、鳢等。

（4）从品种及食性的角度确定养殖模式。

① 以滤食性鱼类为主的养殖方式,如传统的肥水养鱼模式。

② 以吃食性鱼类为主的养殖方式,最具代表性的是 80:20 养鱼模式。

③ 以肉食性鱼类为主的养殖方式,如池塘鳜鱼主养模式、加州鲈鱼主养模式,是最具挑战(高风险、高投入、高收益)、最有发展前景的养殖模式之一。

④ 特种水产品与鱼类混养,如鱼鳖混养、螃蟹与鳜鱼混养、鱼虾混养等。

92 配合饲料投喂应遵循的"四定"原则具体包括哪些内容?

（1）定位。投饲应限定于一定的位置,使鱼类集中于一定的地点吃食,可减少饲料的浪费,既便于检查鱼

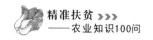

的摄食情况和清除残渣剩饵,也便于食场药物消毒,防治鱼病。可在池中设置草框、食台、食场等,将鱼类集中于一定的地点吃食。

草框:由竹竿搭成,呈方形或三角形,浮于水面,每口塘设 1～2 个固定在池边浅水处。

食台:由芦席或竹席制成,面积 1～2 平方米,3000～4000 尾设一个。

食场:设在池底浅水处,要求土质硬、无污泥,每池设一个。

(2)定时。天气正常时每天投饲应相对固定。每天 8:00～9:00,14:00～15:00 投饲,颗粒饲料的投放可增加到 3～4 次。

(3)定量。每天投饲要有一定数量,应做到适量、均匀,防止过多或过少,水温为 25～32 ℃时多投,水温过高或过低时要少投。适量投饲是投饲技术中最重要的因素。

(4)定质。保证饲料的质量,所投喂的各种饲料必须干净,未腐败变质。

93 如何合理确定鱼池每日投喂量?

日投饲量以日投饲率来表示,即以投饲量占投喂对象的总体重百分比(%)来表示。不同的鱼类、不同的饲料、不同生长阶段、不同水温等条件下,其日投饲率是不同的。

在考虑鱼的适宜投喂量时,既要考虑其营养需求,又要考虑其饱食量(就是一次投喂使鱼吃饱的食量)。如果鱼在摄食后达不到饱腹感,仍然感到饥饿而不停觅食,这样也会影响鱼的正常生长。不同的鱼类其饱食量不同,但大致为鱼体重的 $10\%\sim20\%$。按这样的饱食量计算,如喂配合饲料,则以鱼总体重 $3\%\sim5\%$ 的量每天分 $2\sim3$ 次投喂,即可使鱼吃饱、吃好。因为配合饲料是干的(含水率为 10% 左右),若鱼摄入 10 克饲料,在消化道吸水呈糊状后饲料重量可达 100 克左右。鱼苗和鱼种日投喂配合饲料量一般多些,为鱼体重的 $4\%\sim6\%$;成鱼少些,为 3% 左右。

怎样判断池塘中鱼缺氧浮头的轻重? 94 怎样预测和解救?

一、池塘中鱼缺氧浮头轻重的判断

浮头是指水中下层氧气不足,鱼类浮到溶氧较多的水面吸取氧气的现象。夏季、秋季水温高,投饵足、水质肥、饵料生物丰富,有机质分解快,在黎明前后,池中溶氧最低,最容易引起鱼类浮头现象。

如只有鲢、鳙上浮,鱼群又多活动在鱼池中心区,稍受惊动,鱼群即下沉,或早晨太阳升起后鱼类活动即恢复正常,说明是轻度浮头。

如果池水缺氧严重,浮头的鱼类除鲢、鳙以外,鲫

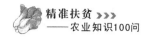

鱼、青鱼、草鱼,甚至鲤鱼都浮到水面吸氧,一般在下半夜鱼群就在池中心浮头,而后逐渐分散到池边,游动迟缓,青鱼体色发白,草鱼体色发黄,受惊后也不下沉,这就是严重缺氧浮头现象,必须及时增氧抢救。

二、池塘中鱼缺氧浮头的预测和解救

(一)缺氧浮头的预测

(1)天气闷热、气压低、无风、下雷阵雨等情况下,易造成鱼类缺氧浮头。

(2)天气突变,受寒流影响,或下大雨,上层与下层水温的温差大,形成上、下对流,水中溶氧下降,易造成鱼类缺氧浮头。

(3)盛夏水温高、水质肥,大量微生物耗氧,再加上鱼类摄食需求旺盛,需耗大量氧气,造成水中缺氧而发生鱼类缺氧浮头现象。

(4)连续阴雨季节,水中浮游植物光合作用差,溶氧减少,夜间或黎明更容易发生鱼类缺氧浮头现象。

(5)鱼类摄食突然减少或不食,可能水质有变化,此时应注意预防严重缺氧浮头现象。

(二)缺氧浮头的解救

(1)轻度浮头一般出现在黎明前后,日出后水中浮游植物开始进行光合作用后,氧气增加,鱼类缺氧浮头现象即可消失。

(2)重度浮头,应及时开动增氧机或注入新水增氧,也可将鱼池的水用水泵抽出后再冲入原池,使其循环增氧。物理办法不能缓解时,应使用化学方法增氧,如全池遍撒"氧包"。

95 增氧机的作用、使用原则是什么？运转时间应如何控制？

（一）增氧机的作用

池塘增氧机械配套完善,养殖密度可适当增加;反之,则应适当减小。增氧机的作用有以下几点：

（1）增氧作用:当水中溶氧低时,可使空气中的氧气溶解进入水中。

（2）搅水作用:使上、下水层溶氧一致。

（3）曝气作用:开机后有助于下层有害气体逸出,但同时也会有少部分氧气逸出,气体逸出速率与其在水中的浓度有关。

（二）增氧机的使用原则

在鱼类主要生长季节,坚持晴天时每天中午开机;阴天时清晨开机;连绵阴雨天时半夜开机,傍晚不开机;出现鱼类缺氧浮头现象时早开机。

（三）增氧机的运转时间

天气炎热时开机时间长,凉爽则短;半夜开机时间长,中午则短;负荷面积大时开机时间长,面积小则短。

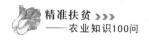

96 水产养殖水质检测的常见项目和指标有哪些？

（1）水温

水温的高低直接影响水生动物的新陈代谢水平，各种动物均有最适宜生长发育的温度范围。在此温度范围内，鱼类摄食需求旺盛，生长发育快。注意，不同类型的鱼，最适宜水温不一样。

（2）溶解氧

热带鱼对溶解氧需求较低，寒带鱼较高。溶解氧低可使鱼呼吸加快，若再低则出现缺氧浮头现象，甚至死亡。一般来说，2毫克/升的溶解氧属最低溶解水平，一般要求溶解氧在3毫克/升以上。一些工厂化高密度养殖场用液态氧增氧，可达到饱和溶氧水平。

（3）pH值

不同鱼类对酸碱的适应能力不同，青、草、鲢、鳙、鲤、鲫、团头鲂等均喜欢偏碱性的水体，水体的pH值要求达到7.5以上。pH值高，表明水肥，但过肥时，夜间植物耗氧量也会相应增加，黎明时往往出现pH值急剧降低现象，溶解氧过低，会使水产动物出现缺氧浮头现象；同时，过肥水体中水生植物腐败后大量耗氧，并产生氨氮、硫化氢等有害物质和酸性产物，可导致pH值急剧下降，引起鱼虾死亡。

（4）透明度

透明度是水体肥瘦的重要指标。水肥则透明度小，水瘦则透明度大。喜欢肥水的鱼类，透明度可控制在30厘米左右，如鲢、鲤、鲫、鳜、罗非鱼等，而虹鳟鱼、大马哈鱼等喜欢在低温瘦水中生存。

（5）水质硬度

常见养殖鱼类对水质硬度要求不高，但硬度可影响浮游植物的生长，间接影响水产动物的生长。如水生动植物需要的钙、镁、磷等构成骨骼和细胞的元素缺乏时，会造成水体肥度过低。

（6）氨氮

分子态的氨对水生动物而言是极毒的物质，可损伤细胞和抑制代谢、影响气体交换，使水生动物生长迟缓，严重时造成死亡。虾蟹塘氨氮含量应不大于0.01毫克/升，育苗水体氨氮含量应不大于0.035毫克/升。若水中氨氮含量不小于0.3毫克/升，磷含量大于0.02毫克/升，则水体处于富营养化状态。

97 "养鱼先养水"的基本思路是什么？水质改良的途径和办法有哪些？

一、"养鱼先养水"的基本思路

以花鲢、白鲢、鲮鱼等滤食性鱼类为主的养殖水体，应始终保证水体内有丰富的有益藻类和浮游动物，为花鲢、白

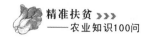

鲢、鳙鱼等滤食性鱼类提供丰富的饵料来源,保证其健康生长。应定期使用水产有机酸肥,培育池塘中的有益藻类。淤泥深时,适度补充磷肥并配合施以有机肥转化素;淤泥浅时适度补充氮肥,并配合施以培水素和活水素,以达到维持水体"肥、活、嫩、爽"的目的。

以鲫鱼、鳊鱼、鲤鱼、鳜鱼、鲈鱼、乌鳢等吃食性鱼类为主的养殖水体,水质极易老化,滋生大量浮游动物,如轮虫(或水珠)等;另外,水质极易富营养化,生成蓝藻、绿藻等有害藻类,造成饵料系数过高,鱼类生长速度减缓,免疫力降低。可每隔15~20天施用"鱼蚤净"一次,杀灭大型浮游动物,以利于有益藻类的生长,并定期用有机酸活水解毒液配以改底有机肥进行调节,保持水质"肥、活、爽"。

二、水质改良的途径和办法

(1)氧化有机质,降低氨氮、亚硝酸氮等有害物质的含量,减少耗氧物质,使用增氧剂提高溶氧量,如"粒粒氧""水立爽""一元笑"等。

(2)还原有害物质。如"水鲜"等调水剂主要用于消除过量杀虫药及杀菌药的残毒,降解重金属,降低氨氮、亚硝酸氮、硫化氢等有害物质的含量。

(3)改善透光率。由于雨水冲刷、底层鱼类过多、过度缺食等造成水体浑浊,可采用"益水宝"等,改善水体透明度,增加水体透光率,达到培育水体有益藻类、增加溶氧的目的。

（4）培育有益藻类。通过定期施肥（包括氮、磷、钾微量元素），以及添加藻类生长激素等营养物，补充藻类必需的限制性营养元素，以改良水质。可以说，培肥是最基本与最根本的水质改良途径。

（5）使用杀虫类的水质改良剂。由于水体大型浮游动物过多、老化、大型化，使养殖水体浑浊，藻类无法生存，可使用杀虫类的水质改良剂控制浮游动物的生物量，促进藻类生长，以改善水质。

98　养殖过程中水肥不起来的原因是什么？

（1）水中浮游动物较多，藻类的繁殖速度小于浮游动物的摄食速度。

（2）水体太瘦，缺乏有益藻类。

（3）池塘底部为沙质土壤，养分流失严重。

（4）水中营养成分太少，缺少适合藻类生长的微量元素。

（5）新开发的池塘缺少有机物，致使一些营养元素如磷发生矿化作用，形成不溶性磷酸盐，从而流失。

（6）用药过多，水中有毒有害物质含量太高，尤其是重金属含量高，因而很不容易肥水。

（7）水中溶氧量过低，很难肥水。

（8）水中缺乏碳源，使物质循环和能量循环受阻。

（9）水体中含有大量的大型水生植物，吸收了水中大量的营养物质，造成水体过瘦。

99 为防治鱼病，应如何科学使用渔用药物？

渔用药物的使用应遵循不危害人类健康和不破坏水域生态环境两大基本准则。具体应做到以下几点：

（1）为防治鱼病，应坚持"以防为主，以治为辅"的方针。

（2）渔药的使用应严格遵循国家和有关部门的规定，严禁使用未取得生产许可证、批准文号与没有达到生产标准的渔药。

（3）积极推广使用"三效"（高效、速效、长效）、"三小"（毒性小、副作用小、用量小）的渔药，提倡使用水产专用渔药、生物源渔药和渔用生物制品。

（4）病害发生时应对症用药，防止滥用渔药，盲目增大用药量或增加用药次数、延长用药时间等。

（5）商品鱼上市前，应有相应的休药期，确保上市水产品的药物残留量符合《无公害食品　水产品中渔药残留限量要求》（NY 5070—2002）中的规定。

（6）不得在配合饲料中长期添加抗菌药物。

100 用药后鱼虾死亡数量反倒增多的原因是什么？纤毛虫（轮虫）杀不死且复发时间间隔短的原因是什么？

用药后鱼虾死亡数量反倒增多的原因：

（1）正常的病理反应，尤其是处于发病高峰期的治疗，要注意由于用药可能导致的鱼虾加速死亡现象。

（2）用药方法不当，对于封闭水面的药物，使用时未采取增氧措施导致水体缺氧；药物泼洒不均匀，局部浓度过大；在严重缺氧的情况下使用杀虫药物，且未采取增氧措施，尤其是感染纤毛虫病的南美白对虾，由于纤毛虫的寄生导致虾本身已经处于供氧不足状态，加之用药时未注意增氧，导致南美白对虾缺氧严重，易加剧其死亡。

（3）药物选择不当，使用了刺激性较大或禁用的药物，尤其是无鳞鱼、南美白对虾等特种养殖品种。

（4）用药时机不当，用药时正处于死亡高峰期前的某个时期，用药后由于药物刺激加剧鱼虾死亡。

（5）用药量过大，导致鱼虾中毒死亡。

（6）天气变化对用药的影响，导致水体缺氧等致使鱼虾病情加重。

纤毛虫（轮虫）杀不死且复发时间间隔短的原因：

（1）水体计算不准确，导致用药量不足。

（2）用药方法不当，需要浸泡的药物没有浸泡而直接使用等，泼洒方法、时间不合适等。

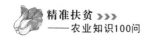

（3）投喂方式不合理，造成水中残饵、粪便过多，利于轮虫的繁殖。

（4）施肥不当，尤其是在高温期要少施有机肥，特别是未经发酵的鸡粪肥。

（5）水质底质较差，有机物和有害菌数量多，利于轮虫的繁殖。

（6）微生物制剂使用时间不当，也会加速轮虫的繁殖。

（7）养殖密度偏高，易使轮虫的发病复发时间间隔缩短。

（8）连续的阴雨天气，纤毛虫杀死难度大且更易复发。

参考文献

[1] 柯卫东,黄新芳,李建洪,等.我国水生蔬菜科研与生产发展概况[J].长江蔬菜,2015(14):33-37.

[2] 柯卫东,刘义满,黄新芳.水生蔬菜安全生产技术指南[M].2版.北京:中国农业出版社,2014.

[3] 朱红莲,柯卫东.优质莲藕高产高效栽培[M].北京:中国农业出版社,2016.

[4] 黄新芳,柯卫东,孙亚林.优质芋头高产高效栽培[M].北京:中国农业出版社,2016.

[5] 吴大志.精准扶贫——农业科技扶贫读本[M].武汉:武汉理工大学出版社,2017.

[6] 宫志远,任鹏飞.图说平菇栽培关键技术[M].北京:中国农业出版社,2011.

[7] 马晓龙,吴仁锋,杨绍丽,等.平菇栽培窝口制袋技术[J].食用菌,2015,37(03):32-33.

[8] 马晓龙,刘高磊,乐建英,等.武汉地区平菇产业发展现状及栽培技术[J].食用菌,2018,40(02):49-51.

[9] HIBBETT D S,BINDER M,BISCHOFF J F, et al. A higher-level phylogenetic classification of the Fungi[J]. Mycological Research,2007,111:509-547.

[10] 刘伟,蔡英丽,张亚,等.羊肚菌大田栽培项目

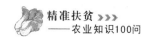
的投入产出分析[J].食药用菌,2017,25(04):220-225.

[11] 樊玲侠.牡丹常见病害及其防治[J].陕西林业科技,1999(1):53-53.

[12] 桂炳中.多菌灵、苯菌灵和甲基托布津的科学使用[J].科学种养,2008(2):7.

[13] 李程程.微肥对"凤丹"牡丹产量和品质的影响研究[D].咸阳:西北农林科技大学,2017.

[14] 鲁丛平,杨彦伶,陈慧玲,等."凤丹"油用牡丹丰产栽培技术[J].湖北林业科技,2015,44(6):83-84.

[15] 马雪情,刘春洋,黄少峻,等.牡丹籽粒发育特性与营养成分动态变化的研究[J].中国粮油学报,2016,31(5):71-75.

[16] 仝铸,孙中海,邱文明,等.湖北省油用牡丹产业发展的主要技术问题及建议[J].湖北农业科学,2017,56(24):4802-4804.

[17] 王晓静,马慧丽,郭丽丽,等.种植密度对油用牡丹"凤丹"形态性状和产量的影响[J].北方园艺,2018,(3):101-108.

[18] 张翠英,吕令华,刘晓华.菏泽油用牡丹生长与气象条件的关系[J].西南农业学报,2017,30(3):686-691.

[19] 赵凡.3种除草剂对拉萨油用牡丹杂草的防治效果[J].西藏农业科技,2017,39(1):30-35.

[20] 骆耀平.茶树栽培学[M].5版.北京:中国农业出版社,2015.

[21] 杨华,王玉兰,张保明,等.鲜食与爆裂玉米育种和栽培[M].北京:中国农业科学技术出版社,2008.

[22] 杨守坤,金莉,李长林.武汉地区休闲观光果园的选址原则与营销策略[J].湖北林业科技,2012(1):47-48,90.

[23] 吕家龙.蔬菜栽培学各论(南方本)[M].3版.北京:中国农业出版社,2011.

[24] 马根章,孟爱民.棚室蔬菜栽培技术[M].合肥:安徽科学技术出版社,2010.

[25] 杨金明,廖开志,马秀玲,等.蔬菜优质高效栽培技术[M].南京:东南大学出版社,2009.

[26] 储力先.大棚蔬菜栽培技术问答[M].南京:东南大学出版社,2006.

[27] 朱良鱼,谭志平.南方无公害蔬菜栽培技术[M].长沙:湖南科学技术出版社,2006.

[28] 肖庆礼.新编蔬菜优质高产栽培技术[M].南昌:江西科学技术出版社,2009.

[29] 彭友林.豆类蔬菜:无公害栽培技术[M].长沙:湖南科技出版社,2009.

[30] 彭友林.瓜类蔬菜:无公害栽培技术[M].长沙:湖南科技出版社,2009.

[31] 彭友林.茄果类蔬菜:无公害栽培技术[M].长沙:湖南科技出版社,2009.

[32] 沈火林,张煜,杨辉.辣(甜)椒栽培技术问答[M].北京:中国农业大学出版社,2008.

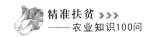
［33］金永祥,汪炳良,叶飞华.大棚蔬菜栽培技术［M］.武汉:武汉大学出版社,2016.

［34］何晴之.蔬菜安全生产实用技术［M］.长沙:湖南科学技术出版社,2004.

［35］徐锦华,羊杏平,等.西瓜甜瓜设施栽培［M］.北京:中国农业出版社,2013.

［36］王久兴.西瓜病虫害诊断与防治图谱［M］.北京:金盾出版社,2014.

［37］焦自高,祁军山.甜瓜高效栽培与病虫害识别图谱［M］.北京:中国农业科学技术出版社,2015.

［38］孙玉宏,宋桥生.湖北西瓜甜瓜品种选育与栽培技术研究［M］.北京:中国农业科学技术出版社,2015.

［39］艾桃山,李远国,魏朝晖,等.鳜鱼高效养殖与疾病防治技术［M］.北京:化学工业出版社,2014.

［40］王武.鱼类增养殖学［M］.北京:中国农业出版社,2000.

［41］李家乐.池塘养鱼学［M］.北京:中国农业出版社,2011.

［42］中国水产频道.水产养殖过程中的九大问题［EB/OL］.（2018-08-05）. http://www.fishfirst.cn/article-104034-1.html.

［43］全国水产标准化技术委员会.无公害食品渔用药物使用准则:NY 5071—2002［S］.北京:中国标准出版社,2002.

［44］中国农业科学院蔬菜花卉研究所.中国蔬菜栽培学［M］.2版.北京:中国农业出版社,2009.